日本の遺跡26

名護屋城跡

高瀬哲郎 著

同成社

整備された天守台
から玄界灘を臨む

発掘時の天守台

出土した天正十八年銘
の丸瓦

調査中の本丸御殿群跡

名護屋城の改造を示す
三ノ丸櫓跡の新旧階段

破却された石垣　江戸期に破壊された状態をそのまま伝えている

山里丸前面の鯱鉾池に築かれた出島（秀吉遊興の場か）

秀吉が居住していた山里丸の復元された虎口・山里口

調査の進む秀吉の茶室跡

出土した茶道具

さまざまな大名陣跡

徳川家康本陣跡
(発掘調査時)

前田利家陣跡
(石垣修復中)

堀秀治陣跡
(整備完了)

目　次

カバー写真　上空からみた名護屋城全景
装丁　吉永聖児

名護屋城跡

Ⅰ　名護屋城の概要

1　名護屋城をめぐる歴史

一五六〇（永禄三）年の桶狭間の戦いで今川義元を倒し、にわかに頭角を現した織田信長はその勢威をもって周辺諸国への侵略を推し進め、一五七〇（元亀元）年に姉川の戦いで浅井・朝倉氏を、翌年に比叡山延暦寺を、一五七三（天正元）年に美濃の斎藤氏を、一五七五年には長篠の戦いで武田勝頼を、次々と撃破し急速にその勢力圏を拡大していった。その一策として、ついに、中国地方の雄である毛利氏を征圧するため、羽柴秀吉らに命じて軍勢を派遣することとなる。その運命の一五八二（天正十）年、信長は自ら軍を率いて西へ動き出したのであるが、京都の本能寺で不覚にも倒れてしまう。

同年、その首謀者である明智光秀を山崎の戦いに破り、次いで、織田家の重臣であった柴田勝家（賤ヶ岳の戦い）や徳川家康・織田信雄の連合軍（小牧・長久手の戦い）との覇権争いにも勝ち抜いていったのが、他でもないその織田信長を動かしめた秀吉なのである。この後、着実に後継者としての地位を固めていった彼は、さらに、信長がめざした天下平定への道を積極的に進んでいく。一五八五（天正十三）年には中国の毛利輝元、四国の長宗我部元親、一五八七年には九州（薩摩）の島津義久、一五九〇年には奥州の伊達政宗、そして関東の北条氏を制し、長くつづいた戦国時代を終焉に導き、ついに天下の統一をなし遂げたのである。この間、秀吉は朝廷との関係も強め、内大臣→関白→太政大臣（太閤）までに昇進するとともに、「豊臣」姓を下賜されるなど、その統治・支配の在り方は文武両体制の権力と権威の掌握にあることを明らかに示している。

しかし、彼の野望はなぜか国内だけに留まらず、この後、一五九二（文禄元）年から七年あまりに及ぶ大陸への『文禄・慶長の役（壬辰・丁酉倭乱）』を起こすこととなる。

その実行に向け、出兵の軍事的拠点として新たに造られたのが、この肥前の名護屋城であり、秀吉の命によって集結させられた諸大名の陣屋群である。参陣した大名は前田利家・徳川家康・石田三成・毛利輝元・上杉景勝などの有力武将、さらに、北は松前（北海道）の蠣崎氏から南は薩摩（鹿児島）の島津氏までのほぼ全国の大名（百数十名）、そして軍役によって動員された兵は約三十万にも及んでおり、未曾有のスケールを示している。

まず、最初に、名護屋城そのものを構築した経緯についてたどってみると、そのことが具体的な日程としてみえてくるのは出兵のわずか前年の一五九一（天正十九）年のことである。八月二十三日付の石田正澄による肥後（人吉）相良長毎宛の書状には、「来年三月朔日ニ、唐へ可被作入旨候、各も御出陣御用意尤候、なこや御座所御普請、黒田甲斐守（黒田長政）、小西摂津守（小西行長）、加藤主計（加藤清正）被仰出候、筑紫衆者軍役三分一ほとつ、用捨仕候へと御諚候」と、また、『黒田家譜』には、「其縄張を孝高（黒田如水）に命ぜらる、孝高地割を定らる、惣奉行は長政（黒田長政）に被仰付、十月より斧初あり」と記されている。つまり、これらの数少ない築城関係文書から判断すると、一五九一年後半に九州の諸大名を中心として名護屋城の普請が実施された事実とともに、数カ月後には早くも完成させるつもりではなかったのかということもうかがえる。ひとつには、築城を担当した彼らには一五九二年三月の渡海・出陣がここで命じられているのであり、さらに、その名護屋城の主となる秀吉が名護屋に到着したのは翌四月二十五日だったからでもある。これらの状況をとらえてか、この東松浦地域には、「名護屋城はとてつもなく巨大な城だが、わずか数カ月で造られた。何せ、天下人の太閤さんが全国の諸大名に命令したのだから。当然、彼が名護屋に来るまでには城は完成していたに違いない」という言い伝えも残っている。

たしかに、これらの史料にもとづく限りではそのような想定もさまざまな形でなされてきた。しかし、一方では、一七ヘクタールにも及ぶ広大かつ本格的な総石垣の城郭である名護屋城の築城が、九州の諸大名を総動員したとはいえ、「わずか数ケ月での短期間で本当に造り上げることができたのだろうか」という現実的な問題も提起されつづけてきた。これに関して、内藤昌は「石垣の普請と天守および本丸のおもな殿舎の作事までは九州の諸大名が行っているが、その他のその築城の準備は出兵の二年前となる天正十八（一五九〇）年にはすでに図られていたのではないか」ということをすでに述べていた。そして、そのことを裏づけるかのような資料を、何と名護屋城内の水手曲輪から発見したのである（口絵2頁目参照、詳細はⅡ章水手曲輪の項で記述）。それは、たった一枚の瓦にすぎないのであるが、その表面に「天正十八年」「四天王侍（寺）住人藤原朝臣美濃介」「五月吉日　吉□」と刻み込まれた文字をはっきりと読み取ることができる。さらに、その状況証拠ではあるが、天下統一を進める豊臣秀吉にとって、重要な戦のひとつであったと思われるこの年の小田原の役に、九州の諸大名がそろって参陣していないという点もかかわってくる。当時の情勢からみると、彼らが独自の判断でそのような行動を取り得たとはまったく考えられないのであり、とすれば関東の平定よりも重要とされていた計画、つまり、この「名護屋城」の普請あるいは作事の準備をいち早く進めていたことをここにも推定できるのである。

2　発掘調査への道程

さて、それでは豊臣秀吉の「名護屋城」とその周辺に滞在していた前田利家や徳川家康など諸大名の「陣屋」の実際をみていくことにしよう。

「名護屋城跡並びに陣跡」と称されているこの遺跡群は、一九二六年に国の史跡指定、さらに一九五五年に特別史跡へと指定されており、その保存のための措置は全国的にもかなり早かった。しかし、これらの解明が始まったのは一九七六年のことで、陣跡のひとつと確認された山城遺跡（陣主不明）が高校用地に計画されたことがきっかけとなり、次いで豊臣秀保陣跡（一九七八～一九八一）・後田遺跡（陣主不明、一九八一～一九八三）・堀秀治陣跡（一九八一～一九八八）・加藤嘉明陣跡（一九八二・一九八八）などの大名衆を対

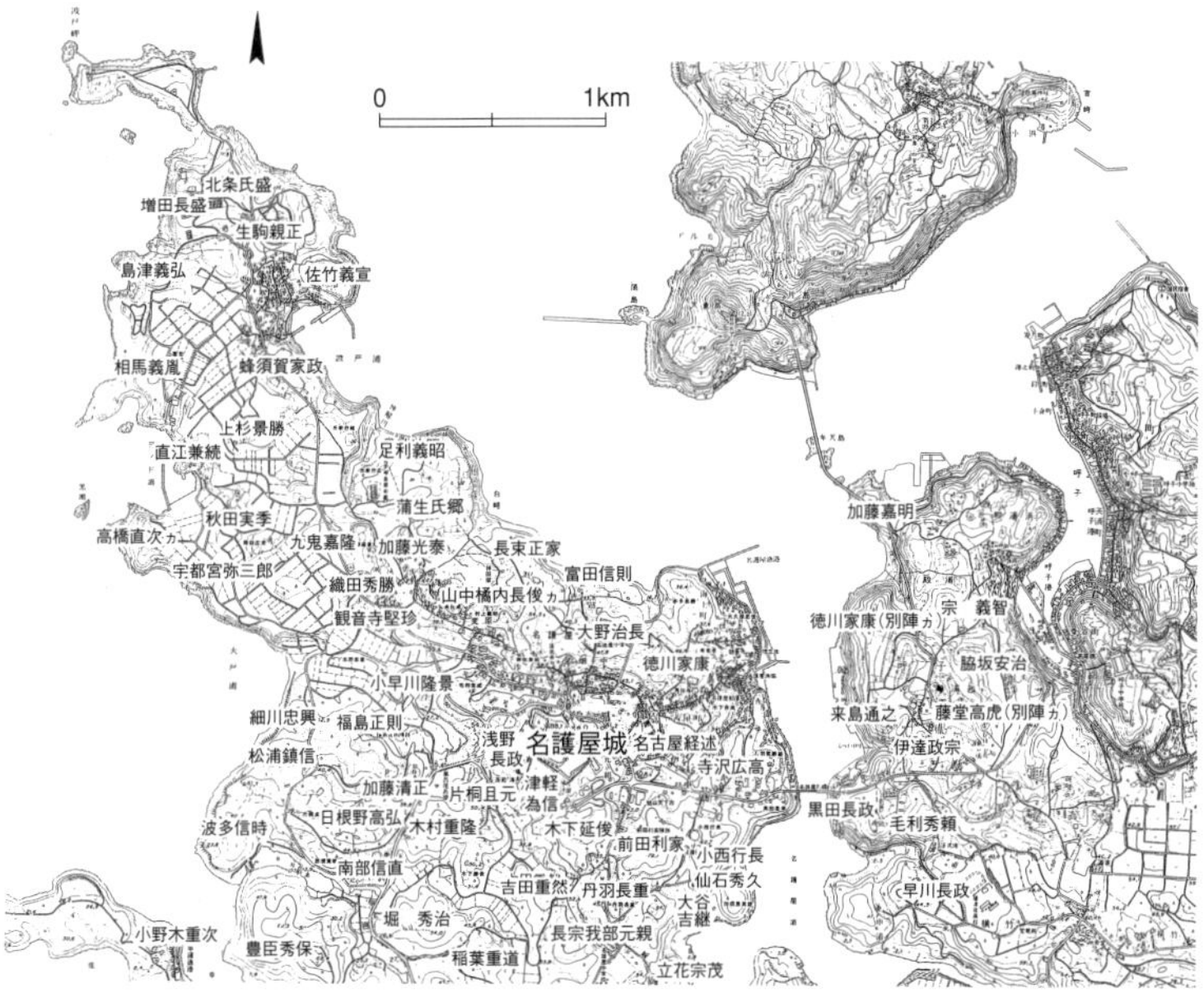

図１　名護屋城の位置

象とした発掘調査がつづけられた。その結果、「館の建物跡」「能舞台跡」「茶室跡」「庭園跡」「飛石群」や、「瓦」「中国・朝鮮国、そして国産の陶磁器」「馬具」「笄」「鉄砲玉」など、多種多様な遺構・遺物が相次いで発見されたのである。

豊臣秀吉の死（一五九八）を契機として文禄・慶長の役が終わりを告げ、歴史の舞台からはまったく忘れ去られていたこれらの遺跡群は、四〇〇年のときを越えても予想以上に当時の様相を良好に保存しつづけていたのであり、一連の発掘調査の進展によって、陣屋の構造や大名の生活状況などの実態が初めて見え出してきたのである。以後、遺構の確認を主目的とした調査が継続的に進められており、現在までにその対象とされた大名陣跡は、木下延俊・古田織部・片桐且元・木村重隆・徳川家康（別陣）・氏家行広・松浦鎮信・細川忠興・前田利家、そして鍋島直茂などに及んでいる。

しかし、数少ない桃山時代の遺跡として、また、その存置した年代が一五九一～一五九八年と明確に限定されたいわゆる考古学上の代表的な標式遺跡として、全国的にも注目すべき成果が次々と明らかになっていくにもかかわらず、その中核である名護屋城跡への調査はなかなか着手するまでにはいたらなかった。それは、ひとつには大坂城跡・伏見城跡・聚楽第跡・石垣山城跡とともに希少な歴史遺産「豊臣秀吉の城」である点を鑑みる必要性があること、さらに、現状ではそれらの城跡のなかでも唯一発掘調査が可能な状況・環境にはあるものの、これまで経験した諸大名の陣跡群とはとても比較にならない規模を有しており、あらためて本格的な城郭研究を開始するに十分な体制が要求されたことなどが大きな要因として働いたのではないだろうか。

ようやく、一九八八年からの五カ年計画で始められたのであるが、それは崩壊の危険性がみられる石垣の修理事業に際して実施されたものであり、各箇所の石垣周辺のきわめて狭い範囲の調査にすぎなかった。ところが、ここで対象となった山里口や本丸大手などをいざ発掘してみると、今まではまったく見えなかった石垣や門礎が次々と土のなかから現れてきたのである。現場の調査員たちは、名護屋城は破却されてしまっているというそれまでの印象から、意外にも遺構は残っているかもしれないという認識へと期待を深めたばかりでなく、何と、名護屋城は当初のままではなく、改造されているというたいへんな手掛かりまでも得ることとなった。

それらの成果を踏まえ、あらためて、名護屋城跡の基礎的なデータを得るための確認調査が一九九四年度から実施され、さらに新たな事実が次々と発掘されている。

3　『肥前名護屋城図』について

当時の名護屋城の実態を具体的に伝える史料は、まったくといってよいほどない。なぜか残っておらず、あるいは、意図的に消し去ったのではないかと考えてしまうほどである。そのような現状のなかで、城跡に関する唯一の基本資料となっているのが、この『肥前名護屋城図』である。

本図は、一九六八年に開催された東京古典会の入札会に突然として出展された六曲一隻の屏風である。その後、この史料を詳細に研究した城郭史および美術史の諸氏によって、肥前名護屋城および周辺の光景を描いていることが確認された。さらに、その裏面に書き記された「名護屋（城）図板倉」の文字と過去の文献史料との比較も行われた結果、『徳川実記』「綱吉」元禄元（一六八八）年三月七日の条や『寛政重修諸家譜巻八十二』にある「板倉重常が肥前名護屋城の図屏風一隻を献じた」という記述内容が、まさに本図そのものと強く関連していることも判断されたのである。ただ、その徳川将軍への献上品そのものでないことは確かなようであり、本図はその際の控え図あるいは下絵と想定されている。

絵そのものをみると、この東松浦半島を鳥瞰して眺めた構図を基本としているが、名護屋城を中心に据えながらも、その城下でさまざまな営みをみせる町を画面全体を使って大胆に配した景観図であり、単なる「名護屋城図」ではない。その他にも、半島全体に展開した「諸大名の陣屋」「港湾」「海に浮かぶ船」「点在する島々」「明国の講和使節団の行列」「半島の地形」、さらには「小川に架けられた橋」「島の社・石塔」までも生き生

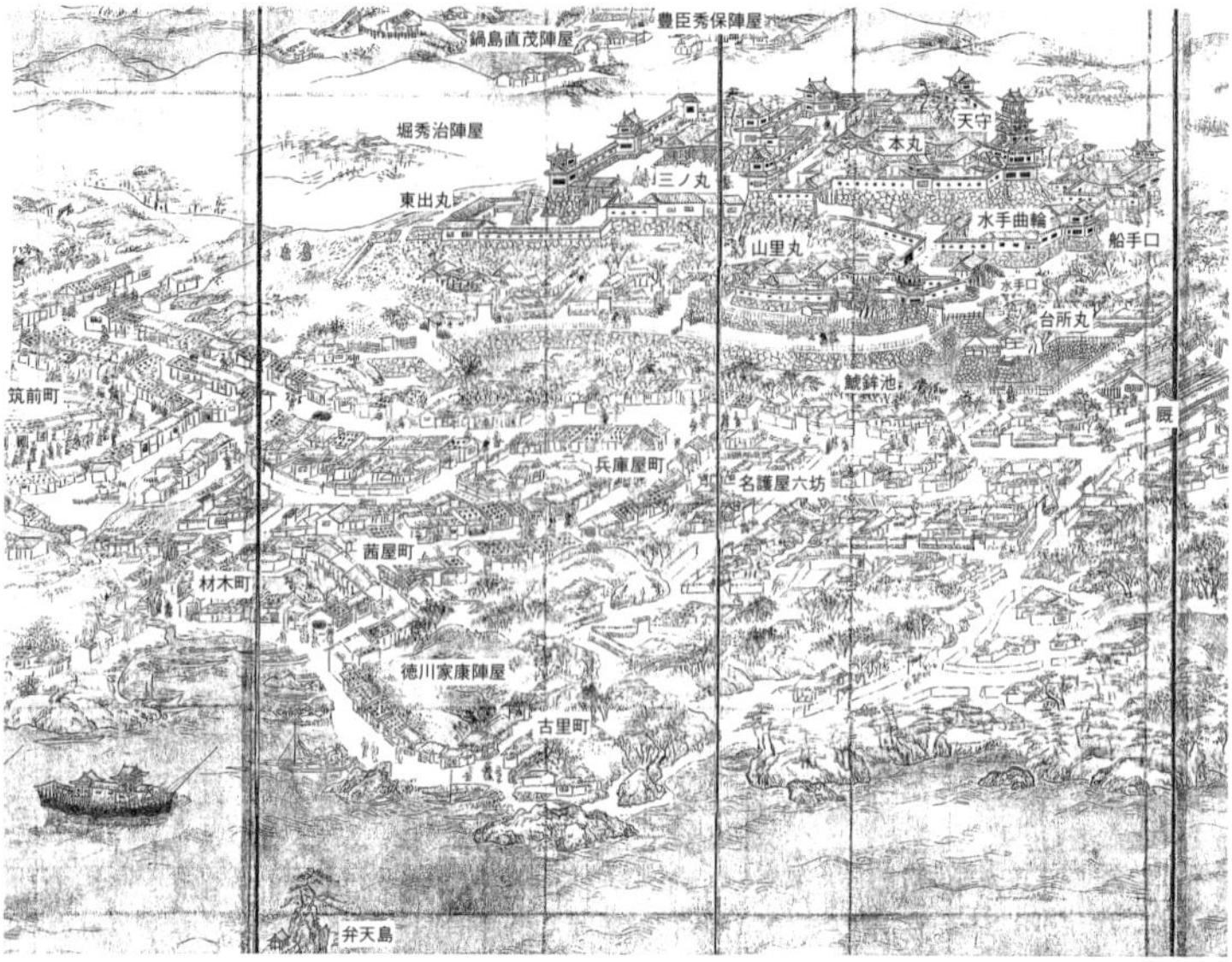

図２　『肥前名護屋城図』（屏風）の名護屋城とその周辺

きとしたタッチで描き込んでおり、拠点「名護屋」を強く意識した作品といえよう。つまり、この絵師（集団）は名護屋での講和交渉という「歴史的なできごと」の一瞬だけではなく、詳細な地形・風景までも対象としているのであり、相当な情報を収集したうえでの「記録」作成・保存の性格を強く帯びたとでもいうべき絵図と考えられるのではないだろうか。

では、その記録的なものとしてみて、ここに描かれていることが発掘調査の成果と整合しているかというと、まったく当時を写実的に示している箇所と、かならずしもそうでない状況をそれぞれ確認することができる。その詳細については、それぞれの曲輪の項で説明することとしたいが、事実としてひとつはっきりしているのは、この肥前名護屋城が「記録」のままではなく、改造されているということである。

Ⅱ　発掘調査からみた名護屋城

1　天守閣跡

大規模な破却がこの城全域に及んでおり、この天守閣一帯も例外ではなかった。否、中央部付近に礎石と考えられるものが数個点在して見られるだけであり、その周囲の石垣も石材・裏込め石・土砂で厚く覆い隠されている状況からは、破却が最も徹底的に実行された箇所なのかもしれない。そのため、これまでは天守閣の実態・構造をうかがい知ることなどはほぼ困難な状況であった。

ただ、わずかに残された史料からは、これまでにもおよその様相は推測されてきた。その論拠のひとつは、『肥前名護屋城図』にみられる描写であり、それには名護屋城の本丸北西端に穴蔵を示す地下構造と外観が五層の天守閣、いわゆる後期望楼型とされる天守をはっきりと確認することができるのである。また、記録でも、休戦中の一五九六（慶長元）年、明国使節の楊邦亨一行が大坂の豊臣秀吉と会見するために来日した際、その旅の様子を『日本往還日記』として書き残したものがあり、そのなかの一節に、この名護屋に立ち

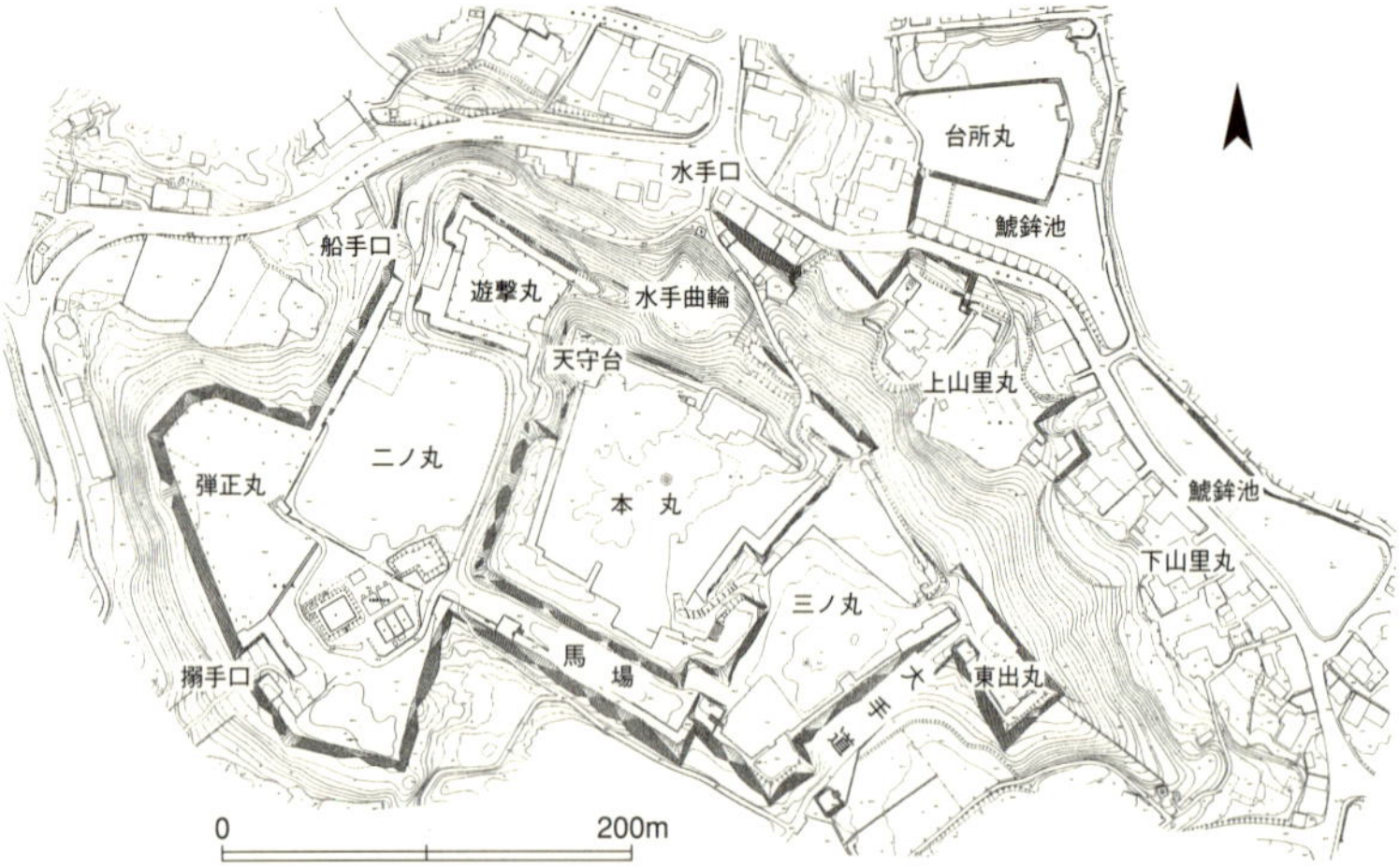

図3　名護屋城の曲輪配置

寄って見聞したままを、「因山為城、其峻而固、環其城鑿壕、引水貯之、城中四面、累石為階、上為五層楼」と書き留めている。さらに、『吉見元頼朝鮮日記』には「天守七重にてみごと比類なく候」とも記されている。このような状況から、名護屋城の天守閣は外観を五層・内部を七階（穴蔵を含む）の構造と考えられてきたのである。

　また、遺物としては、天守閣の西側下段に配置された遊撃丸から、その天守閣直下となる曲輪東端一帯で多量の瓦のなかに鯱瓦や金箔瓦も発見されている。江戸時代に天守閣を破壊した際、屋根を飾っていたと思われる多数の瓦が落下したようであり、このことからも名護屋城の天守閣がきわめて豪壮であったことが想定されていた。

　そこで、さらに具体的な手がかりを得るために、天守台跡の内部全域と本丸側（東・南側）を対象に、二〇〇六年度まで発掘調査を継続した。

その結果、初めて天守閣の規模や穴蔵構造、そして破却の状況を確認するとともに、『肥前名護屋城図』には描かれていないまったく別の穴蔵出入口や石段跡、さらに破却後の新たな利用状況をもうかがわせる遺構を次々と発見している。

なお、現在、その成果にもとづく整備も実施している。

天守閣と穴蔵遺構

天守台内部では、天守閣の礎石と穴蔵遺構を対象として調査している。その結果、新たに確認できた遺構としては、穴蔵の区画を示す内側の石垣列（根石）と礎石が一〇個である。礎石は、以前より露出していた礎石と合わせると、計一六個の配置が築城当時のままであり、また、礎石そのものはないものの、その抜き跡（根固め）も六カ所で確認できており、さらに不明の北西隅部など対象となる二カ所にも据えていたと推定すると、この穴蔵内部には総計二四個の礎石が置かれていたこととなる。そこで、それらの配置からみると、天守閣の建物は南北の中心軸を東へ二五度前後振っていることや、その規格については、穴蔵部が四間×六間であることから、天守閣（最下層）自体は四方にそれぞれ一間ずつ広がるとして六間×八間が推定される。

実際の大きさとしては、これらの礎石と天守台の内・外面石垣の配置と勾配の関係などから、穴蔵全体の平面規模は東西一二・三メートル×南北一六・四メートルであり、その内部の建物範囲は梁行一一・四メートル×桁行一五・三メートル、そして、天守閣そのものは石垣天端までさらに一間（約二・五メートル）ずつの延びとして、全体の平面規模は一七・二メートル×二一・四メートルを想定している。そのうち、天守台中央に位置する親柱の間隔は約四・〇メートル（一三尺）とほぼ等しいが、その周囲に配置されているものは梁行

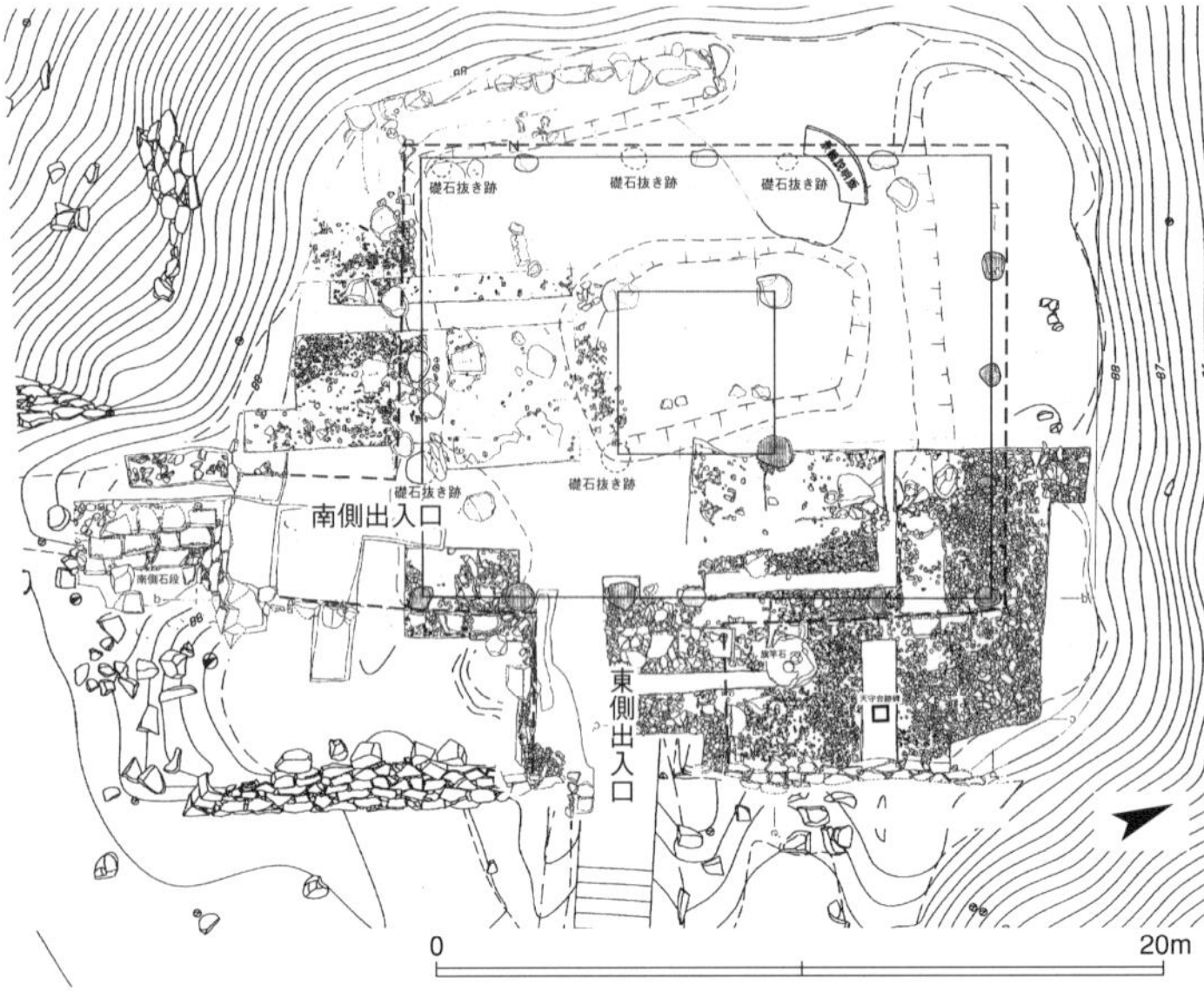

図４　天守台の遺構

が二・八五メートル（九・四尺）の等間隔の柱間を採っているのに対し、桁行は北から一〇尺・六・五尺・九尺と間隔を違えていることが判明した。つまり、これらの遺構の状況からは、その北半部は一定の規格で礎石が配置されているのに対し、南半は不定形であることが確認できたのである。この平面の構成が、七層を採る上部建物にどのようにかかわってくるのであろうか。

　また、『肥前名護屋城図』に描かれた穴蔵箇所をみると、本丸側（東側）に出入口が開いている。ところが、その全域を対象とした発掘調査を進めていくと、絵図と対応する天守台東側の箇所で穴蔵への出入口遺構を確認できただけではなく、南側にもうひとつの出入口構造の跡とさらには石段も発見するなど、天守台に関するさまざまな新事実を見出すことができている。

穴蔵の出入口

一カ所は東側の区域であり、外面石垣と並行に走る穴蔵内側の石垣を一二メートル程の延長で発見している。この内面石垣は、根石部分しか残っておらず、礎石列のすぐ外側を囲むように配置されているが、その中央部付近では石垣が折れ、向かい合う石垣面と隅角部も確認できたことによって開口部と判断し、ここが城図にみられるとおりの本丸から天守閣への出入口と推定した。その幅五・一メートル、奥行き四・二メートルである。

もう一カ所は南側の区域であり、前述の東側石垣が隅角部を造らずにそのまま南へまっすぐにつづき、その対する西側には隅角部をもつ石垣が別に展開している状況から、東側中央部とは別に、この南東部でも開口しているのではないかと判断した。そうすると、名護屋城の天守閣には出入口が二カ所に付けられていたこととなる。

ところが、疑問となるのは、この南へ延びる石垣がともに南面石垣まで達することなく、途中で止まっている点である。あるいは、この箇所は完成していたのではなく、構築途中の段階で止めたとも考えられる。名護屋城の大改造の一例であろうか。開口部の幅は約三・三メートルで、延長の石垣は三メートルほどつづき、外面部から約一メートル手前で途切れている。ところで、この南面石垣の外側では石段を新たに発見している。この南側開口部とは近接していることから、たがいの遺構の関連性も検討してみたが、石段がその開口部の方向に進んでおらず、そのまま上がることができない点を考慮すると、直接に結びつくものではないようである。

また、穴蔵内部では、ていねいに敷き詰められた玉石面が礎石の周囲に広がっており、当時の床面もそのまま残存しているものと思われる。また、天守台の上面には名護屋城期のものとは異な

図5　重ねられた礎石

る瓦が多量に堆積していた。これらを周辺地域の出土瓦と比較検討した結果、江戸時代の唐津城において使用されたものとまったく同笵であることが判明した。つまり、この状況からは、名護屋城の廃城にともなって天守閣を徹底的に破壊したのち、地元の唐津藩が時を置かずにここになんらかの施設を配置していたことも推定できる。十八世紀の『唐津藩領絵図』には、名護屋城跡に城番を置いていたことが記されている。

なお、内部の玉石面と東側下段の本丸地面との高低差が約一・四メートルもあることから、天守台前面に石段かなんらかの進入施設を想定したが、それについては確認できていない。

謎の礎石構造

先述のように計一六個の礎石を確認できたのであるが、ひとつの疑問として、それら現存する礎石の配置高が一定しておらず、あまりにも高低差がありすぎることが挙げられていた。ところが、そのうちのいくつかについて、据付の状況を把握するためにその周囲を掘り下げてみると、何と別にもうひとつの礎石が下に置かれていることを発見したのである。つまり、当初の礎石は上下に二個重ねて構築されていたのであり、上石がなくなった箇所が低くなっていただけで、やはり、礎石全体は高さをほぼ一定に据えていたことが判明した。このような「重ね石」の建築技術は全国的にもまったく異例の基礎構造と思われ、その意図がわからない。

天守台一帯がまったくの盛土で造り出した人工地盤であることから、天守閣の建物基礎の補強ということも考えられないことではないが、なぜに、ここでのみ採用されたのであろうか。

謎の石段

この石段跡は天守台の南側にあり、その北端が天守台の南面石垣に接して配置されていることから、天守閣とかかわるなんらかの施設とも考えられたが、そのような痕跡は確認できていない。前述のように、天守台東側に開口する遺構が明瞭に発見されていることから、この石段（通路）の存在は疑問でもあるが、天守閣に付属する櫓への出入口あるいは天守閣そのものの通路箇所が変更された可能性も否定できない。石段は、現状は三段（復元すると四段）であり、幅三・四メートル、全体の高さ一・一メートルで、その蹴上高〇・四メートル、踏み幅〇・四〜〇・七メートル。

天守閣の破却

名護屋城跡では、いたる所で石垣が崩れている状況を見て取れることから、「人為的に破却された」とする説は広く認識されていた。しかし、その実態は杳として不明のままであったが、この天守閣直下にあたる本丸側で、ようやくその具体的な手掛かりを得ている。

この一帯では、天守台の石垣が厚さ一・五〜二・〇メートルほどの土砂で覆い隠されていたのであるが、その発掘の結果、まず、最下部にはていねいに敷き詰められた築城当初の玉石面がそのまま残存しており、その直上には天守閣から崩落してきた重厚な瓦や金箔瓦が層をなし、次にはこの上に土砂だけの層が、そして最上面には石材および小礫が散在するという層序で明瞭に堆積していたことを確認している。この状況から留意しなければならないのは、瓦類と石垣の材料との間には「粘性の土砂層」がみられることである。これは、ひとつは瓦の葺き土と考えなければならないが、天守閣の建物部分と石垣部分の破壊にある程度の時間差があったことや、あるいは双方の破壊の間になんらかの手が加わったことなども想定され、単なる破却でもなかったのかもしれない。

図6　天守台石垣の発掘調査　上：崩落した瓦の様子。下：瓦の下層から出てきた玉石面

なお、この玉石面の下には礫層がさらにみられ、天守台の石垣も旧地面のかなり下方から築かれていることが判明した。つまり、名護屋城は標高八九メートルほどの小丘陵（垣添山）に立地しているが、その周辺に位置して地盤が低かった天守台の計画箇所では、あらかじめ下層から石垣を構築し、その次に本丸側を礫で造成した後、玉石を敷いて地面とした工程もうかがわれたのである。

2　本丸跡

周囲の石垣は徹底的に破壊され、内部でも礎石らしき石が点々と散乱しており、さらに、自然岩

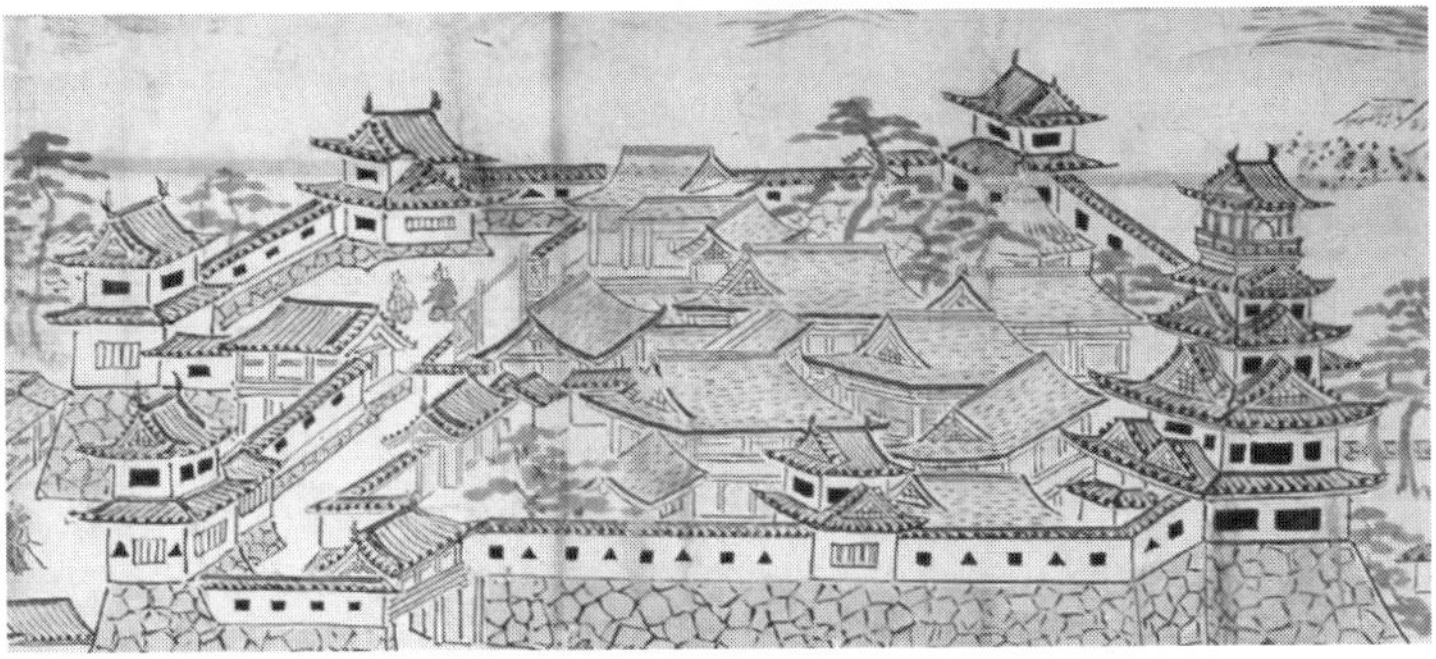

図7　『肥前名護屋城図』に描かれた本丸と天守閣

盤もところどころに露出するなど、本丸跡全体にも相当の破壊が及んでいるように見受けられる状況であった。ところが、石垣修理の対象となった本丸南端の大手一帯での発掘調査では新たな発見が相次ぎ、その後の調査計画に大きな指針、参考資料を与える成果を得ることとなった。

その最たる例は、この名護屋城跡に埋め込まれていた石垣を大手脇で初めて確認したことである。最近の石垣研究のレベルにおいては、何の疑問もなく当然のこととして認識できたことではあるが、調査当初はこの名護屋城がまさか改造されていたなどとは夢にも思っていなかっただけに、現実に目の前に姿を現した石垣はまさに驚きであった。つづいて実施した一連の調査でも、新旧石垣の配置・通路状の地下遺構・本丸御殿跡・多聞櫓跡・本丸大手門跡などを次々と発見し、意外にも四百年前の本丸全体の状況・変遷がそのまま良好に残っていたことが判明している。

『肥前名護屋城図』の描写　この本丸では、外観五層の天守閣が最も奥に置かれ、その前面の曲輪全域に数々の瓦葺きの櫓や門・檜皮葺きの殿舎群・茅葺きの数寄屋などが描かれており、数多くの建物が建ち並んでいたことが明確にうかがえる。櫓は五カ所にみられ、いずれも二層の建物であるが、一棟を除いては隅櫓の配置となっている。外観の仕上げは、漆喰の総塗り籠めである。門は四カ所であり、そのうちの大手と水手のものは切妻の櫓門形式を採っている。また、残る二カ所は本丸内部を区画する築地塀にともなうものであり、ひとつは薬医門、もうひとつは冠木門である。殿舎群では、主要な建物は入母屋造り、その他は切妻造りとしている。また、曲輪の南西隅櫓の前には、風情のある数本の松とその影に茅葺きの建物が一棟みえている。なんらかの数寄空間を描いているのであろうか。

改造された本丸大手の発見

名護屋城では、石垣を喰い違わせることによって、虎口を形成するという手法を多く用いており、この本丸大手の他にすぐ北側の本丸北東虎口・搦手そして複雑な山里口もその構造である。ここでは、三ノ丸から本丸への進入路を取り付けるため、本丸南東隅近くの石垣を虎口の前後でそれぞれ外側へ折って空間を設定し、大手を構築している。全体の経路は、まず、三ノ丸側からは幅一六《メートル》の通路とし、そこに置かれた石段を上がるが、すぐに左に折れ、また、石段を進む。その先に広場を設け、門を配置している。門には、計八個の礎石を据えており、そのことから、規模を桁行約七・六《メートル》、梁行約四・五《メートル》に採っていることがわかる。そして、それを通り抜けて右に折れると、本丸の内部にそのまま入るようになっている。このように、名護屋城の最終の関門となる構造としては、二度の折れを造っているだけで、それほど複雑な防御の経路を採用していないことがわかる。

ここでの大きな成果というと、その現在にみる配置状況へいたるまでに度重なる改造がつづけられた跡を確認できたことであろう。その改変の具体的な状況は、門跡・その南側および西側の石垣

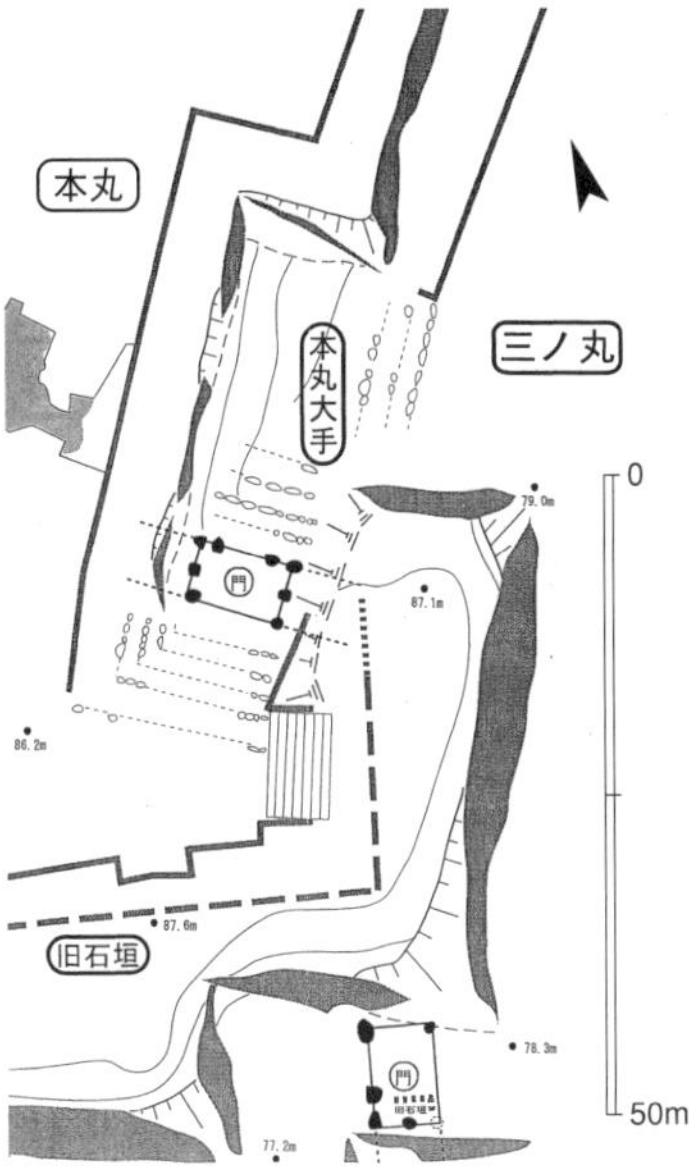

図8　本丸大手の遺構

に集中してみられるが、これは、本丸への虎口や南東区域の構造がいかに重要視されていたかということをひとつは示しているのであろう。ただ、この改変については、西隣に配置された馬場の曲輪構造の在り方とも関連しており、それが一度ではないという点と短期間にそれほどの作業をくり返していた点については、今後の課題が残る。それほど、前段階の構造に問題があったのであろうかと思えるほどである。

さて、そのことを示す実際の遺構としては、「南側および東側石垣の内部に埋められた石垣」が最も古く、次いで「南側石垣にみえる新旧関係」・「南側石段の東側にみえる石垣の積み足し」、そして「門の礎石とそれを覆う玉石敷」などの改造があり、それらの位置関係も含めて推定すると、単に、新旧の構造変化とはならない。最低でも、三時期の変遷状況を考えなければならないであろう。

埋め込まれた石垣

高石垣と確認できたこの遺構は、完全に埋没して見えていなかったという状況ではなく、以前からその上端が地表面に露出しており、なぜか石列状につづいているのはわかっていた。この調査に着手するまでは、「築地塀などの基礎となる石塁のようだ」、「としても変な所に配置されていることになる。

図9 埋め込まれた石垣

おかしい、いったい何なのだろう」と謎に包まれたままだった遺構である。

それが、埋め込まれていた石垣だったという結果を得たことから、一気に解決へと進んだ。その大手の石垣を追跡していくと、遺構は本丸の南側でいったん小さな折れを造ってから、さらに西へ延び、本丸南西部でしっかりした隅角部を造った後、北へ折れて天守台南側にそのまま取り付く大規模なものであることがわかったのである。なんとその総延長は、現状で約一六〇メートルにも及んでいる。

そして、この結果から、「築城当初の本丸はやや狭かったこと」、「ある時期にその南半域側の石垣が埋められて大きく拡張されたこと」、「その広げられた区域に多聞櫓・隅櫓などの建物群が新たに配置されたこと」などが次々と判明してきたのである。しかし、拡張前（築城当初）の本丸石垣の塁線が判明したことによって、一方では本丸周辺の馬場・三ノ丸南西隅櫓と埋められた旧石垣との関係について、新たな課題も生じてきている。つまり、本丸拡張前の馬場側はもともと広範な帯曲輪として造られており、しかも三ノ丸に向かうに従い扇状にやや広がる平面形態を採っていたことになるのである。また、三ノ丸南西隅櫓と本丸大手側にある石垣の間隔も広くなり、門を現状の位置で想定してよいのかなど、名護屋城を築城した当初の南側全域の縄張構造を再検討すべき状況も出てきている。

改造した時期はいつなのか

本丸内部に埋め込まれて発見された旧石垣と現認できる今の新石垣は、ともに名護屋城が城として機能していたときに構築されたものであることは、まず間違いない。とすると、旧石垣は築城当初の一五九二年前後なのであろうが、新石垣、つまり大改造を行ったのはいつなのであろうか。

現段階で、それを証明することはかなり困難であるが、佐竹義宣の家臣大和田重清が残した日記のなかに「(文禄二[一五九三]年四月の条)御城に修築有り」と記された文言があり、現状では、この史料が唯一の手掛かりとなっている。名護屋城のどこでどのような工事が行われていたのかということまでは書き留めていないが、それらの経緯をたどるかぎりでは、築城からわずか一年程で造り変えてしまったことになる。歴史的には、そのわずか一カ月後(五月十五日)、謝用梓・徐一貫ら明国使節が豊臣秀吉と講和交渉を行うためにこの名護屋を訪れることとなっているのであり、その最中に計画したとすれば、さらに不可解なことである。

また、同じく、改造といえば、文禄二年三月十日と五月二十日の秀吉朱印覚書(案)、それに秀吉が北政所(おね)に宛てた五月二十二日付けの文には、朝鮮半島に築かせた軍事拠点の城、いわゆる倭城《わじょう》についての普請・改造を諸将に命じていることを、「こうらいニふしんとう申つけ候」などとはっきりと伝えている。その理由までは北政所に話していないが、豊臣秀吉がなんらかの強い意図をもって、これら両地域の「修築」計画を進めていたということもありえないことではない。実際、釜山城・竹島城などの倭城の多くには改造の跡をあちらこちらに確認することができるのである。

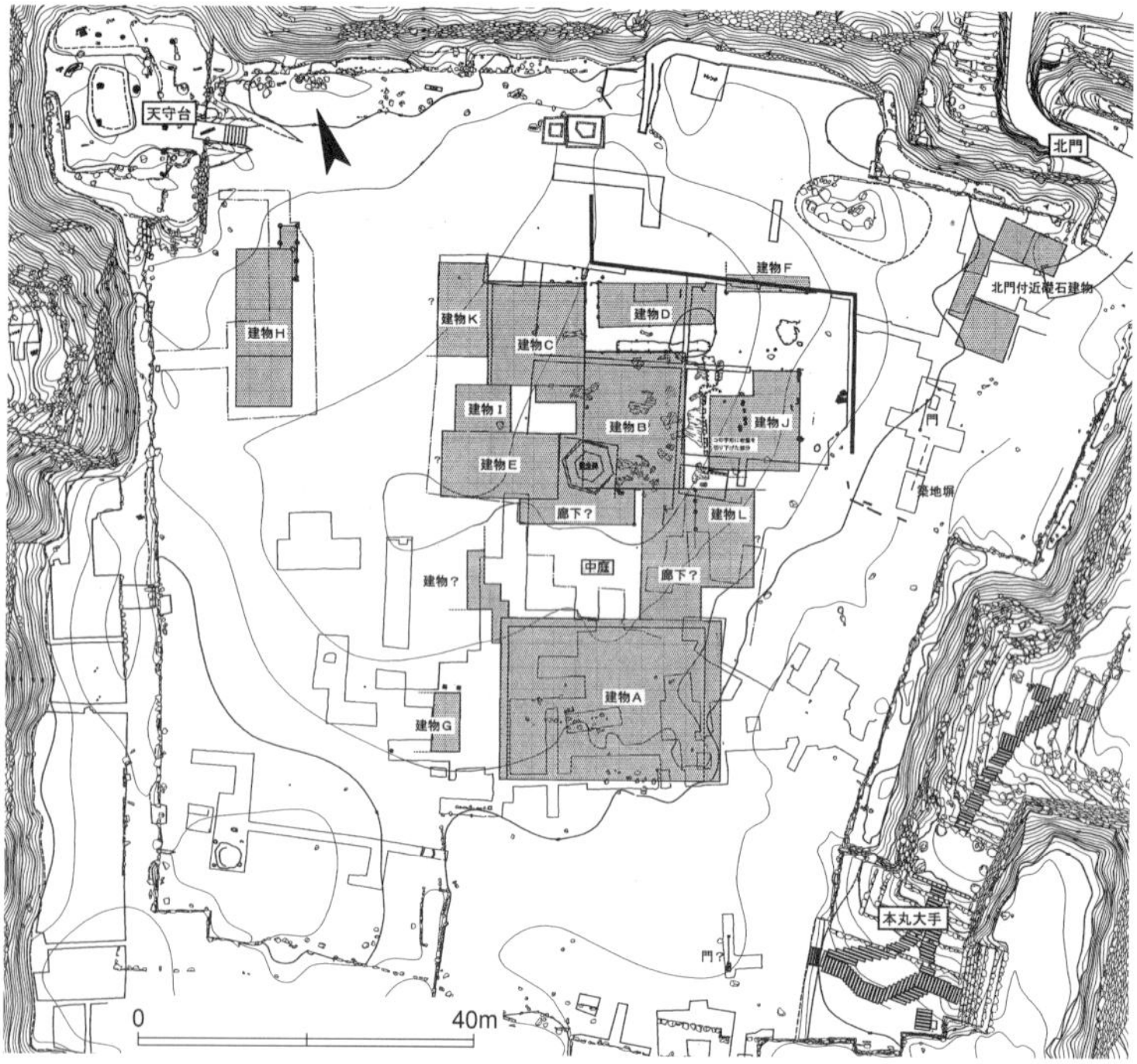

図10　本丸の遺構配置

建ち並ぶ本丸御殿群

『肥前名護屋城図』には、本丸に配置された建物のなかで瓦葺きのものは門・隅櫓だけであり、主要な建物としては入母屋風の檜皮葺き殿舎群が多く描かれており、御殿などの立派な建造物が建てられていたと想定されている。

その絵図と対応する区域を一九九四年度から継続して発掘しているが、その本丸の中核をなすと推定される建物群の遺構を中央付近一帯で次々と確認している。名護屋城の破却行為を考えると、それらがほぼ残存していたことはまったく意外であったが、大小の規模を示す建物遺構が単独ではなく、連結する配置を採っていることや、さらにそれらが周辺にも広く展開していくことも推定されるなど、桃山時代あるいは

図11　本丸御殿跡建物Ａの礎石列

豊臣秀吉の御殿構造を研究する上でも貴重な資料を提示している。

　現在、遺構そのものとしては、礎石・玉石敷そして一部に瓦群を確認しているが、それらの礎石あるいは礎石抜き跡の配置と玉石敷の分布範囲との相互の関係から、一二棟ほどの建物空間を想定している。そのすべての遺構は、南北の中心軸の方向を真北から二〇度前後にほぼ揃えていることから、同じ規格のもとで構築されたことがうかがえる。そのうちの一〇棟は、本丸中央部から北側の区域にかけて集中しており、それぞれの規模・範囲を確定できるまでにはいたっていないが、玉石敷の遺構で隔てられているのは北東側の二棟だけで、他の八棟は中央の大型建物に連結する配置をみせており、それらは一連の建物群として構築されていたようである。

　また、残る二棟は、それらの建物群から南へ一〇《メートル》ほど離れた区域で発見している。たがいの区域が廊下で直接的に接続していたと推定され、当然、本丸御殿跡の一連である。遺構としては、大型の礎石建物一棟とその西側に離れて一棟がある。後世にかなり撹乱されており、建物構造の全容解明にはいたっていないが、礎石列や周囲の玉石敷の配置、それに建物内部の石列などから、全体の規模などはほぼ特定することができている。

まず、その大型の建物Aの立地をみると、元の地盤を平らに整地することはしておらず、北西隅から東および南側に傾斜する地形を大きく改変することなく、ほぼそのまま利用しているようである。実際、北端と南端では約〇・三メートル《メートル》もの高低差が生じていることから、それを補正するために低くなっている南・東側の礎石列上に二〇〜三〇センチ《センチ》程の粗割石をていねいに並べて置き、整地して高めていた工程を確認している。つまり、土留め用の石列を建物の基礎に配置しているのである。

次に、その建物の配置であるが、周囲の石垣との関係でみてみると、埋め込まれた旧石垣とほぼ方向を揃えていることがわかり、築城当初から建っていたことがうかがえる。また、礎石列は一個しか残っていない東側を除き、梁行・桁行ともに良好に残存していることから、建物は東西棟であり、その規模は東西桁行二七メートル《メートル》（一四間）×南北梁行一八・六メートル《メートル》（一一間）と推定される。その南側桁柱は一〇個の礎石が残存し、西から一間目の柱間が一・〇メートル《メートル》（六尺五寸の半間）、二間目から一四間目までが各二・〇メートル《メートル》（六尺五寸）を採っている。二間目には束石と考えられる石も存在する。北側桁柱は西から一間目が一・〇メートル《メートル》、二間目と八間目は二・〇メートル《メートル》、四間目以降は岩盤が露出しており、この岩盤を建物の土台として利用したものと考えられる。また、西側梁柱は一一個の礎石が残存しており、柱間は南側から一間目が一・〇メートル《メートル》、二間目と三間目が二・〇メートル《メートル》、四間目から七間目までが各二・四メートル《メートル》（八尺）、八間目から一一間目が各一・〇メートル《メートル》と不揃いである。以上のように、ひとつの建物のなかで一間の尺度にいくつかのパターンがみられるということは、その内部の部屋割り・間取りがさまざまな用途に対応している状況を表しているのかもしれない。

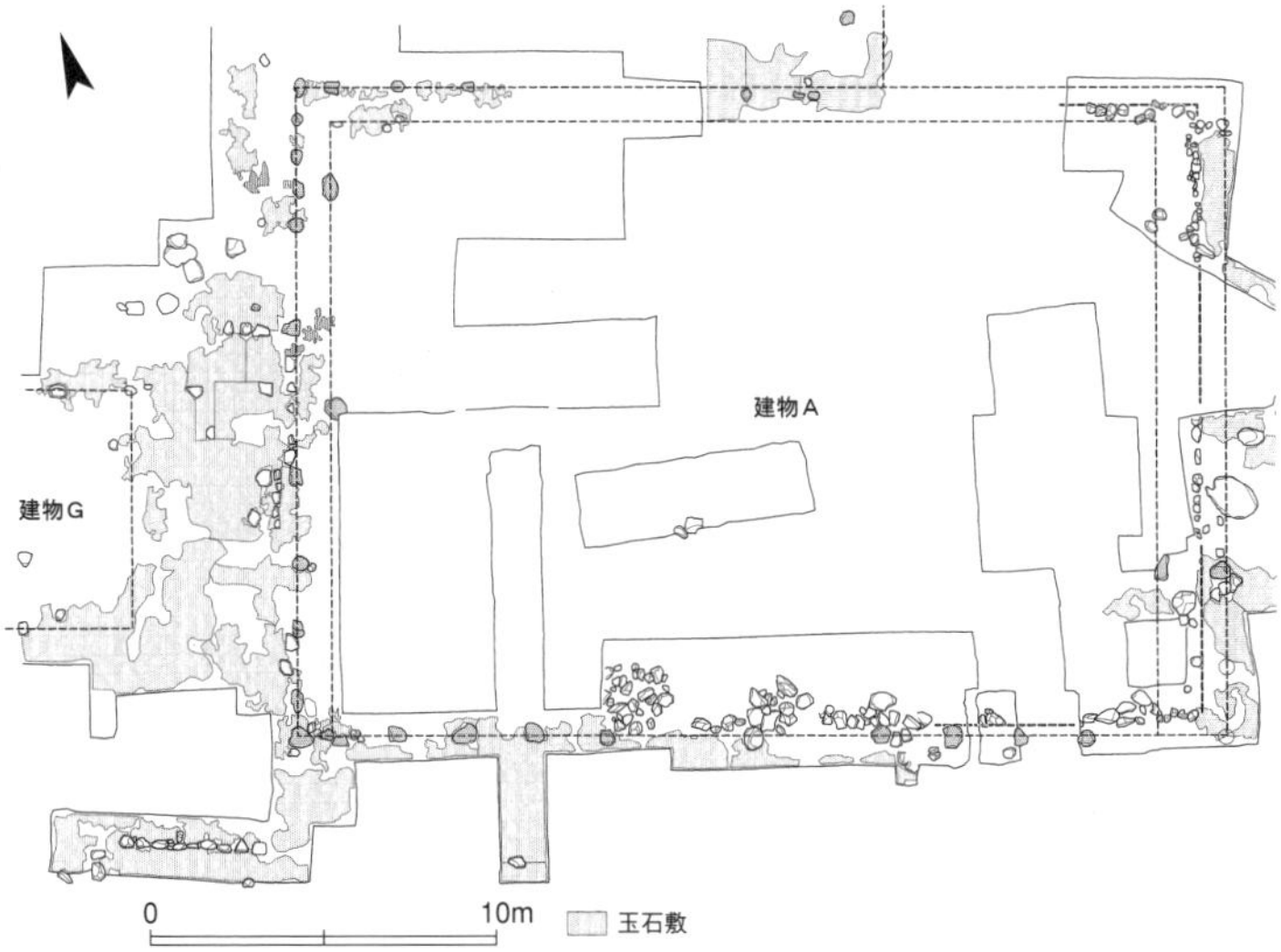

図12　本丸御殿跡建物Aの遺構

また、名護屋城跡および陣跡で確認される建物跡には、基本的にその周囲に玉石がていねいに敷き詰められており、その分布状況からもある程度の建物の平面プランが推定できる。建物Aにおいても、西・南・東面では礎石の軸線から外側にほぼ敷かれていたが、北西区域の一部では礎石列から一《メートル》程離れた位置に分布していたことから、ここに庇あるいは縁を置いていた可能性もある。さらに、建物の西側では、その軸線からわずか二〇《センチ》ほどずれた位置で、別の礎石列（柱間三間、一間は二・七《メートル》）を発見しているが、たがいの礎石には重複がみられることから、明らかに時期を異にするなんらかの構造物が新たに置かれていたようである。

なお、この建物の周囲からは、湯釜・茶臼・船載陶磁器片・土師器・鬼瓦・鯱瓦・丸瓦や平瓦、そして鉄釘などが出土している。しかし、建物の規模にくらべて瓦の出土が少ないことと、屏風絵にある描写を参考とすると、一部は瓦葺きとするものの主屋は檜皮葺きまたは柿葺きの建物として想定できよう。

通路状の土留め遺構

前述の御殿群跡の東側で、縦横に組み合って構築された石積み遺構をいくつも発見している。それらの個々の状況はさまざまであるが、主体は建物跡の北東隅付近から南東方向に斜行しながら延び、そのまま本丸大手の石垣へと進んで終結するものであろう。この遺構（石積みA）は、他の石積みよりも一段高く、さらに、その先端部が石垣に配置された石段の施設にそのまま取り付いていることから、全体が何か通路状の様相をも呈している。現状で確認できる延長は二三・八メートル、幅は一・七メートル、高さは〇・七メートル。使用している石材は、石垣のものとは異なってやや小振りであり、積み方もやや雑ではあるが、それらの石面をほぼ揃えて構築している。

そして、他の遺構はこれと直交あるいは並行する配置を明確に採っていることから、この区域で確認された石積みが一連の計画によって構築されていたことが強くうかがわれる。たとえば、石積みAの北側には、これに直交する形で四条の石列が並行して派生しているが、それらは約二メートルの延長で、さらに直交する別の石積みと組み合って止まっているのである。しかし、これら四条の石積みは、等間隔で配置されたものでもなく、その石面の向きも違えており、たがいの組み合わせによっては、幅〇・七メートルほどの狭い石塁状の位置関係をなしているものもみられるなど、それほどの規格性はみられない。

これらが構築された時期であるが、まず、石積みAが本丸御殿跡の石列によって一部を切られており、しかも下に潜り込んでいることから考えると、工程上は建物跡よりも先行するものである。また、本丸の石垣とは、その付属する石段との関係から構築時期を同じくするもののようである。このようなことから、これらは本丸の作事を行う前、つまり、普請の段階から進められたものであることがわかる。

図13　通路状の石積み遺構

それでは、これらは何のために造られたものなのであろうか。豊臣秀保陣跡の地中からも同様の遺構が発見されたことがあり、そこでは地下の造成のための土留め遺構ではないかと推定されている。一応、本例も御殿との前後関係からそのように考えるのが妥当ではあろう。ただし、ここでは遺構全体が一気に埋められていたわけでもなく、中央部付近は一時的にでも表面に露出していたようであり、しかも、組み合う石積みの配置関係が規則的ではないなどの点で、やや疑問が残る。

なお、遺物としては、石積みの上部から天目茶碗、埋土から船載陶磁器片と洪武通宝、そして、本丸石垣の天端からは仙台通宝（鉄銭）がいわゆる銭差の状態で出土している。

本丸多聞櫓跡

新たに拡張されたと判明したこの本丸西側の区域からは、多数の礎石とその抜き跡を発見している。これら礎石列が縦横に連続して走っている様相から、ここには一棟の長大な建物が建っていたようであり、本丸改造の主要な目的がこの建物の配置そのものに

図14　発掘調査時の本丸多聞櫓跡　西側（写真右）は破却により崩落

あったことを推定できる。

　実際の遺構の状況としては、旧石垣から四メートルほど外側に、石垣とほぼ並行して走る東側桁行の礎石列と、それから西側に向けて派生する梁行側の礎石列が展開しているが、建物の西側部分は破却がいちじるしく、その桁行と梁行の礎石は完全に崩落してしまっており、まったく残っていない。桁行の延長は残存する東側で南北五六メートル。また、梁行は新石垣の勾配から復元すると八メートルか。柱間はすべて半間（六尺五寸の半分）の約一・〇メートルを基準とし、四メートル、六メートルあるいは八メートルの間隔で内部を仕切っており、現状では一一の区画に分けられる。それらの柱間は、北側から八間、六間、四間、四間、六間、六間、四間、四間、六間、四間、そして六間を想定できる。さらに、この建物跡に隣接して、南側の南西隅部となる区域一帯にも礎石を確認できている。この多聞櫓跡は現在確認されている多聞櫓としては国内最大級のものであり、規則的な間仕切りをもつなど内部構造も確認されている点でその史料的価値は高い。

　また、旧石垣の外側に配置されている点などから、当初期には存在しなかったものが、石垣改造にともなって建造されたことも判明したわけであるが、参考までに、『肥前名護屋城図』をみると、この箇所は築地塀として描かれており、ここで発

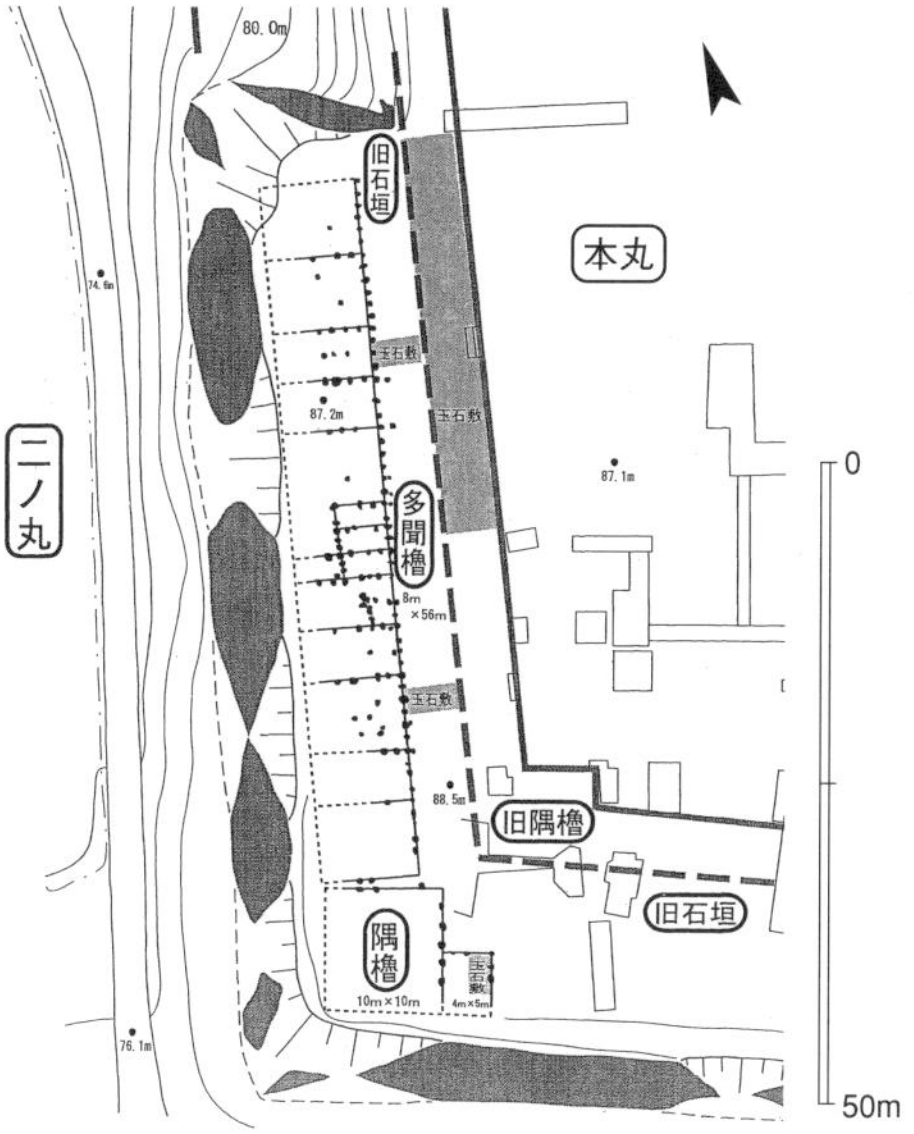

図15　多聞櫓周辺の遺構

見された建物群をとらえていないことがわかる。つまり、この城図は本丸の大改造を行う前の状況を示しているかと思われる。とすると、『肥前名護屋城図』全体は、現在みることができない当初段階の様子を多々伝えている可能性も出てきたこととなり、逆に史料的な重要性の再検討も迫る発掘の成果となったのである。

遺物としては、多聞櫓で用いられていたものと思われる瓦が多量に出土した。これらの瓦の一部には、筑前名島城跡・肥前唐津城跡・豊臣秀保陣跡・堀秀治陣跡、そして古田織部陣跡出土の瓦と同笵のものが存在する。

新本丸南西隅櫓台跡　本丸南西部のこの調査区では、櫓台跡を検出した。この遺構は新石垣で拡張した区域に存在し、旧石垣の隅角部も隣接している。礎石九個を確認しており、それらの配置と外面石垣の復元塁線から、東西一〇《メートル》（六間）×南北一〇《メートル》（六間）であることが想定される。柱間は一・五《メートル》（五尺）を基準としている。また、この北側には、前述の多聞櫓跡と認められる連続する礎石列が並んでいる。たがいの建物跡の方向は同一ではなく、六度ほど振れているものの、隣接する延長上にこの櫓台跡も存在することから、両者の建物も連続した構造であったと考えられる。

また、その東側であるが、桁行五メートル以上×梁行四メートルの区画を為す礎石の配置と、その内部に敷かれた玉石面を確認している。おそらく、この隅櫓への出入のための付属施設（付櫓）であろう。

なお、周囲からは櫓に用いられていたと考えられる瓦が多量に出土した。これらのなかには、筑前名島城跡・筑前福岡城跡・肥前唐津城跡・豊臣秀保陣跡・堀秀治陣跡、そして徳川家康陣跡出土のものと同笵の瓦がある。

旧本丸南西隅櫓台跡

この調査区は本丸南西部にあたり、埋め込まれた旧石垣の隅角部を検出した。隅角部は新たに配置した櫓台跡のほぼ東側に位置し、その前面は、後に構築された櫓台遺構の一部ともなっており、玉石敷も確認している。この玉石敷面は現状でも旧石垣よりおよそ〇・三メートル低く、旧石垣が埋め込まれた後でもその上部は露出していたと思われる。この隅角部の検出と、石垣内側面の入角部（二カ所）の配置関係から、旧櫓台跡が桁行八・三五メートル（二七・八尺）×梁行五・五五メートル（一八・五尺）以下の規模であることが想定される。

本丸北東区域の改造

水手道から本丸へ進入するに際し、その防御機能を高めるため、本丸の北東隅部に虎口が設定されている。その構造は、前述の三ノ丸側からの大手と同様に、北面石垣の喰い違いによって空間を設け、そこに門を配置することを主体としている。経路としては、水手道から幅一二メートルの広い石段を上がり、左に折れるが、その進んだ所に門が置かれている。発掘調査では、門の区域で五個の礎石と一カ所の抜き穴を確認している。しかし、それらの配置から考えると、通有の櫓門形式とは想定しにくい。「肥前名護屋城図」のように、その南北の石垣に掛からない切妻の構造ならばありうるのだろうか。一応、桁行六メートル、梁行四・八メートルの規模をもっている。通路はその門を通り抜け、さらに右へ折れて、石段を上がってから本丸にいたるというものであるが、通路幅は上がり始めの一二メートルから半分の六メートルへと極端に狭められており、また、

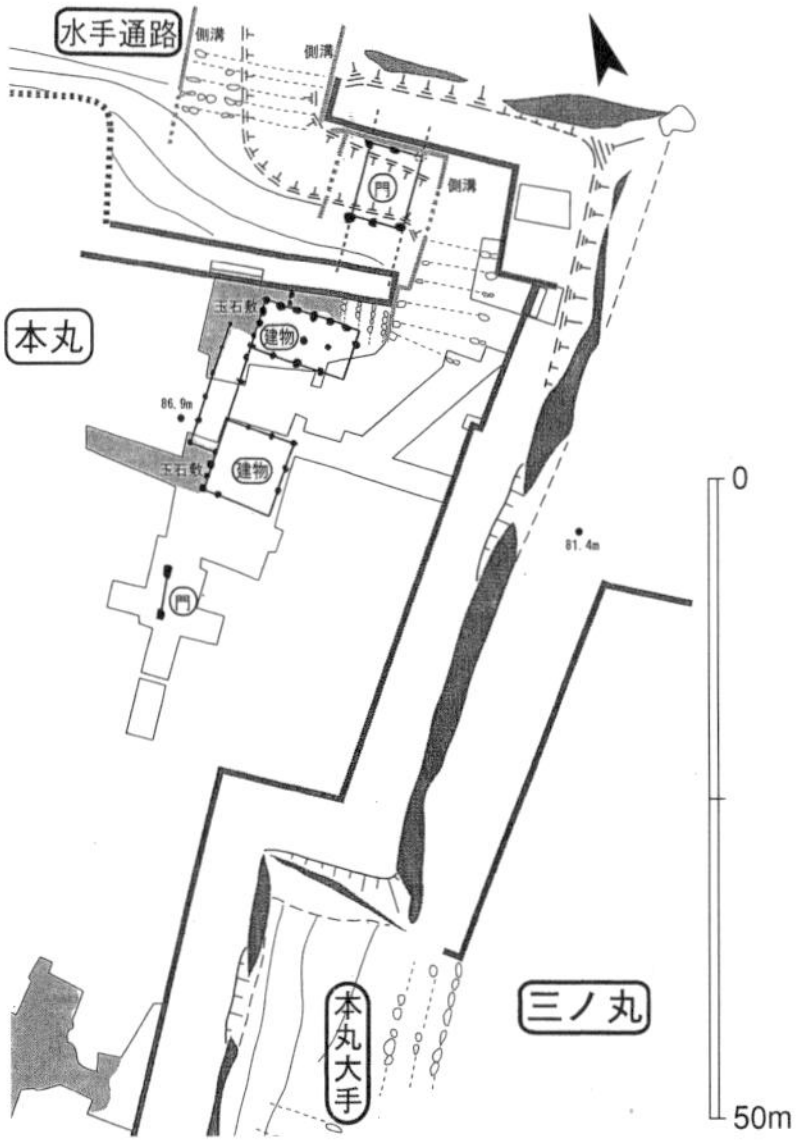

図16　本丸北東区域の遺構

石組みの排水溝が通路脇や通路を横断して裾へと下っているなど、大手側よりも整然とした造りをなしているのもひとつの特徴であろう。

　しかし、この区域での重要な留意点は、ここも築城当初のままではなく、改造されていたということであろう。その跡は一続きの虎口区域ではなく、それを上がった正面で確認することができる。入ると、まずそこには相当数の礎石が置かれ、さらに、その周囲には玉石も敷かれており、ここに一棟の建物が建てられていたことがわかる。ところが、それらから推定できる建築の構造を考えると、ここを通り抜ける門などはどうも想定しにくい。つまり、通路に関連するものではない別の建物が目の前を阻む形で配置されていたようである。しかし、この遺構と北側の石塁との間には、建物の構築によって一部を撤去された状態の石段がそのまま取り残されており、この建物が

当初から配置されていたものではなく、通路を塞いで新たに造られたという新旧関係をここに確認できるのである。建物自体は梁行六メートル、桁行一六メートルの長棟であり、その西側中央に幅二メートル、長さ一〇メートルの張り出しが付く。また、北東隅も幅二メートル、長さ四メートルで出しているようである。

なお、この箇所から南へ七メートルほど離れた所に、やや大きめの礎石が二個だけ残されている。遺構は門礎と思われるが、その周囲には付属するものがまったくみられず、北側の建物ともかかわっていない。とすると、旧段階の跡ではないだろうか。築城時を描いたとされる『肥前名護屋城図』にも、この場所にまさに門が置かれている。

3　二ノ丸跡

本丸の西側に配置されており、一般的には「二ノ丸」と称されている。しかし、本丸よりも一二～一三メートルも低い位置にあり、その本丸への直接的な連絡路がないなど、実際の二ノ丸としての機能あるいは配置には疑問点が多い。現状では、天守閣・本丸へいたるには、馬場を抜けてから三ノ丸を逆に通る経路が最も短い。

曲輪は南北約一一〇メートル、東西約八五メートルのほぼ平坦な区域であり、その北西端に船手口、北東端に遊撃丸の虎口、そして南東端に馬場への通路がそれぞれ開いている。発掘を実施した結果、この区域の造成作業跡や新旧の石垣、そして掘立柱建物跡・柵跡・鍛冶跡などを発見している。また、量的にはかなり少ないが、鞴（羽口）や鉄滓なども出土している。瓦も少ない。

なぜか掘立柱の建物跡　曲輪南西区域で、「掘立柱」構造の建物跡を三棟確認している。本丸跡では「礎石」のものであっただけに、やや意外

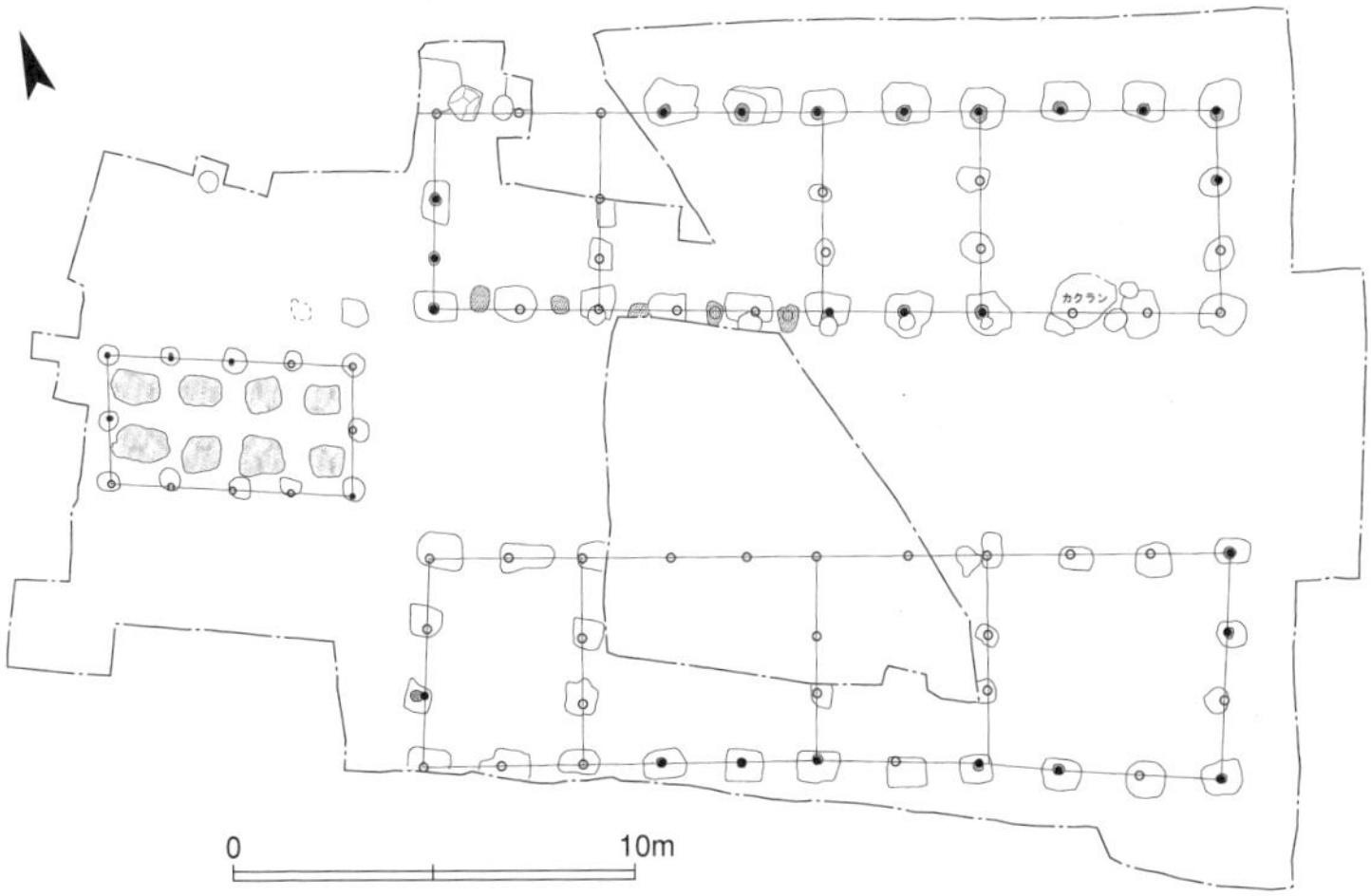

図17　二ノ丸の掘立柱建物の配置

な発見であった。いずれの建物も中軸方向（真北より六九度一五分西へ振れる）を揃えており、さらに、たがいに整然とした配置関係をもっていることから、これら三棟はこの二ノ丸に計画的に置かれた関連の施設であったことがうかがえる。しかし、その配置状況をみると、この二ノ丸の西面石垣にきわめて近接している点やその石垣とは軸線の方向をまったく違えている点などから、曲輪全体の普請と作事の間には疑問点が残る構成となっている。なお、一帯からは、瓦はまったく出土していない。

それらのうち、南北方向に並ぶ長大な東西棟の二棟はほぼ同じ規模の建物であり、妻部も揃えているなど、たがいの共通点は多い。建物の規模は、梁行五・〇メートル×桁行一九・五メートル。柱間は、桁行はどちらも一〇間（一間六・四四尺）であり、さらにその西端から二間目と五間目と七間目に区切りの柱穴が並ぶ状況も同じである。しかし、梁行は北側建物が西二間（一間を八尺、一〇尺）と東三間（一間を四尺、六尺、八尺）であるのに対し、南側建物は三間であり、やや異なっている点もみられる。柱穴は基本的には隅丸長方形としており、その掘る方向も桁行では軸線となる東西方向に揃えている。大きさは、短辺〇・六～一・二メートル×長辺〇・八～一・二メートル。北側建物の柱穴の一部には、抜き取り穴がみられる。また、建物の柱痕も確認しており、直径〇・二五～〇・三メートルの小規模なものである。なお、これら柱穴にはなぜか炭化した木材片が多量に混入していた。

もう一棟は、それら二棟の建物から西側に約一・九メートル離れているが、ほぼ中間となる位置にきちんと配置されている。規模は小さく、梁行三・一メートル×桁行六・二メートルの長方形の建物である。それらの柱間は二間×四間で構成し、いずれも一間をおよそ五尺に採っており、その基準は前述の二棟とはやや違えている。また、柱穴はほぼ円形であり、その直径は、約〇・六メートルとやや小さい。柱痕も一五センチほどで、かなり細い。

さらに、前述の二棟と大きく異なるのは、この建物の内部には計八基の土壙が配置されており、それらは四基ずつを二列に整然と並べられていることである。すべて、ほぼ隅丸長方形であり、大きさは〇・七×一メートル、深さは約〇・五メートルで掘られており、ある程度の規格性がみられる。これらが建物の敷地をほぼ占有しており、この土壙の配置を目的として建てられたことはまちがいなく、トイレや貯蔵穴なども想定されたが、埋土のなかに遺物などもまったくなく、ほかに同様の事例も確認できないことから、用途のまったく不明な遺構である。

図18　二ノ丸の石積み（土留め）遺構

柵　跡

曲輪東側の中央付近で、南北方向に並ぶ小穴群を確認している。軸線は、真北より二〇度四五分東へ振れており、前述の掘立柱建物群と同一の方向性を採っていることからたがいの関連性も想定される。その南北方向の延長あるいは折れなどを追っていないため、遺構の全容は不明である。現状では、一一・八メートル＋αの延長を示している。柱穴はほぼ円形であるが、その柱痕は確認できない。直径も〇・三五～〇・五五メートルしかなく、かなり小さいが、たがいの柱間はおよそ六尺五寸の間隔を守っており、乱れてはいない。規模的には柵列と想定されるが、あるいは建物の可能性も考えられる。

大規模な造成状況

曲輪南側のほぼ全域で、遺構検出面の直下に一～一・五メートルほどの間隔を置いて無数の石列が並行にはしっている状況を確認している。石列は、〇・二メートル前後の小石をほぼ垂直に積み上げているものであり、ある箇所では一・一メートルほどしかないような低く雑な石積みでしかない。また、それぞれの石積み間の土層をみると、たがいの石面を境として一方向に流れ込み、次の石積みでは途切れている点や、石積みに使用した石材も城石垣のそれではなく、風化したもろい石質のものであることから、当時これらが露出していたとは考えられない。つまり、本格的な石垣というものではないのである。

一帯の諸状況から判断すると、これら石積みは盛土・整地作業の際に行われた土留めの工事跡であり、本丸の例と同様に、二ノ丸の曲輪造成にかかわるものではないかと考えられる。事前の地磁気探査の結果でも、この二ノ丸一帯のほぼ中央には低く大きな谷がはしり、もともとは起伏のある地形であったことが推定されており、本遺構はその整地作業の一端を示しているのであろう。これと同様の造成遺構は、甲府城跡・岡山城跡などでも確認されている。なお、これらの造成面の上層には、〇・四メートルほどの厚さで粘性土を敷き込んで造り出した地層もみられる。当時の曲輪の表層地面として、化粧していたのであろう。

鍛冶跡

曲輪北側で、散乱する鞴（羽口）・鉄滓、そして炭化した木片を確認している。これらの状況から、この付近でなんらかの鍛冶が行われていたことがうかがえる。城内における、二ノ丸の利用形態を示す一資料としても重要である。しかし、本調査区内においては、焼土や炭化層などを確認できていないため、かかわる鍛冶遺構の構造などは、現段階では不明である。

新旧の石垣から

二ノ丸の南側には、浅野弾正長政が居住していたといわれる弾正丸が配置されている。この二ノ丸側とは石垣で境をなし、弾正丸の方が三・五メートル程も高くなっているため、現状では直接的には通じていない。これまでも、この状況が築城当初そのままを示していると考えられていたが、その二ノ丸西側（弾正丸北東端）の石垣に新旧関係を示す状況を発見したことから、両曲輪の関連について、あらためて検討が必要となってきている。

その対象となった石垣面であるが、北側に明確な隅角部を造り、それらに南側から積み足していることをはっきりとみることができる。この隅角部をもつという点は重要であり、たとえば、ひとつにはここに石段を設けて通路そして付属する櫓などを計画していたこと、また、隅角部が一カ所だけであり、対応するもう一方の隅角部が南側にみられない点から、ひとつには弾正丸とは石塁を構成しており、両曲輪がもともとは区分されていなかったことなどが想定できよう。あるいは、そのような築造途中の計画変更にかかわるものとも考えられる。まったく着手できていない上段の弾正丸側の調査が、今後の課題となろう。

図19　積み足された石垣

本丸大手の虎口一帯の改造や三ノ丸南西隅櫓の石段部分にも、これと同様の過程がみられる。なお、この二ノ丸跡から出土した瓦のなかには、豊臣秀保・堀秀治・古田織部陣跡と同笵関係にあるものもみられる。

破却にともなう行為について

二ノ丸の西側は、約一五メートルもの高石垣を構築して外部から城域を防御している。その石垣上部へ内部の曲輪側から昇り降りするため、弾正丸までの約八〇メートルの間に計三カ所の石段が構築されている。外面がこれほどの高い石垣であるにもかかわらず、このような配置を採ることから、かなりこの方面（西側）の防御を重視していたことがうかがえる。

それらの個々の石段であるが、構造としては正面から左右に分かれて昇降する、いわゆる「合坂」であり、兵の容易な移動・攻撃をおもな目的としている。その最も北側の石段部で、ひとつの破却行為を確認している。それは、合坂の最も下段となる石段（昇り始め）の前面で、二〜三枚の軒丸瓦あるいは丸瓦を一単位として重ね合わせ、

図20　破却時に並べられたと推定される瓦

それらを六列も整然と横方向に並べている状況を発掘したのであった。確認してみると、平瓦はまったく用いず、軒丸瓦・丸瓦だけを選別していることと、周辺には割れて欠けた瓦が散乱しているにもかかわらず、ここに使用している瓦だけはほぼ完形のものであったことが、大きな特徴として挙げられる。また、石垣・石段の石材や裏グリ石がそれらの瓦上面を全体的に覆っていたことから、これらの瓦を据え置いた後に石垣や石段を壊したことも確かである。

　つまり、これら全体の検出状況をみると、この石段部の昇りをあたかも封鎖するような瓦の配置であり、単に乱雑に建物や石垣の破壊を進めることなく、なんらかの強く意識した行動の結果として推定することができるのである。先の本丸拡張区域の隅櫓一帯で示された「建物跡を封じ込める行為」とともに、「城の破却」を実行した人びとがその際に取った行為、ひとつの威儀を正した精神的な行動の一端を示す具体的事例として、きわめて注目すべき成果といえよう。

4　三ノ丸跡

『肥前名護屋城図』の描写　この曲輪の内部に描かれている建物は、きわめて少ない。ただ、中央付近にみられる巨大な檜皮葺き風の建物は特

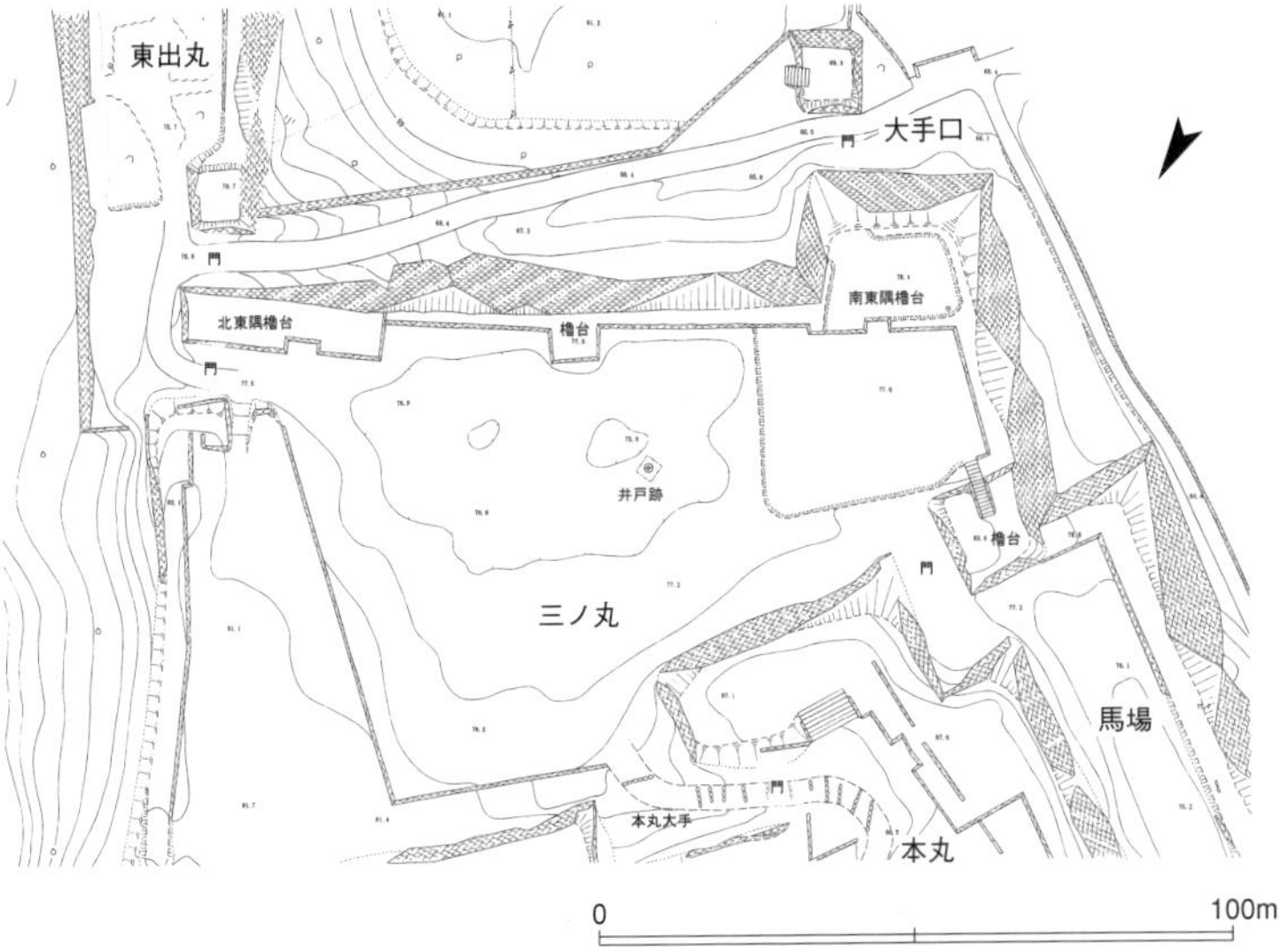

図21　三ノ丸の遺構配置

徴的であり、その周辺部には単層もしくは重層の櫓も配置されている。また、東出丸との連絡路には櫓門らしき門が存在し、北東部には多聞櫓と思われる建物も描かれている。

曲輪の概要

三ノ丸は本丸の東側下段に位置しており、名護屋城の中枢区域を前衛・正面で防御する重要な曲輪として配置されている。ただし、その内部は他の曲輪のように全域を平坦としておらず、南北に高さを違えた二段の区画で構成しており、北側の区画が南側よりも二メートルほど高い。その造成が当時もなされていたのかという課題は残るが、南側区域の方もそのまま平坦ではなく、現状としては東に向かってゆるやかに傾斜している。そのほぼ中央には、小規模な石組みの井戸を現在もみることができる。また、曲輪の西側は馬場、東側は東出丸、そして北側は水手曲輪方向の各所とそれぞれ通じていることから、それらの箇所にそれぞれ虎口を構築することによって、本丸への進入・防御を固めているようである。

発掘調査では、本曲輪の中央部および周辺部の櫓台跡と推定される区域やこの三カ所の虎口一帯などをおもな対象として実施した。その結果、大規模な建物跡は発見できなかったものの、門の礎石や櫓台跡・石段跡を発見している。とくに、曲輪の全面に敷き詰められた多量の玉石、瓦の廃棄土壙、それに改造された櫓の様相は、この三ノ丸の曲輪構成を最も特徴づけているものであろう。

なぞの石列群と玉石敷

本曲輪と本丸大手門の間を発掘した際、敷き詰められた玉石のなかにていねいに並べ置かれた玉石列の遺構を確認している。明瞭な石列は計七条で、それらのなかで西側の石列AとB、東側のFとGはたがいに鉤形に折れて大きな区画を造っているようであり、他はその石列Aに付属して配置されていることがわかる。

状況をさらに詳細にみると、石列A・Bの区画は本丸への通路・石段をふさぐ位置にあるわけだが、周囲の遺構面とも整合していることから、時期差は想定しにくく、ほぼ同時に置かれていた可能性が高い。しかし、区画の内部は空白ではなく、玉石が同様に広く敷かれており、何を示す遺構なのか判断できない状況である。たとえば、この石列が建物の基礎だとしても、本丸の大手を常時遮蔽することは想定できず、それは臨時的な簡易施設であったとしか考えにくい。石列Aの長さは九・二メートル、石列Bは四・五メートルで、その南端でさらに短く折れている。

瓦の廃棄土壙

前述の石列F・Gの区画から、大規模な土壙を発見している。しかし、この土壙は区画の範囲を大きく削り込んでおり、明らかにこれらの石列や玉石敷よりも新しい。平面はやや不整形な円形であり、直径約五メートル、深さ約一メートル。また、掘り込みの断面は底部が平坦なU字形となっている。その土壙内であるが、埋土はほとんどみられず、玉砂利と丸瓦・平瓦・鯱瓦・飾瓦、天目茶碗、船載陶磁器片、土師器などが密に出土しているが、そのほとんどが投げ込まれた瓦であることから、この三ノ丸周辺に置かれていた建物をいつの時期か解体・破壊した際、それらを廃棄するために掘られた穴ではないかと思われる。

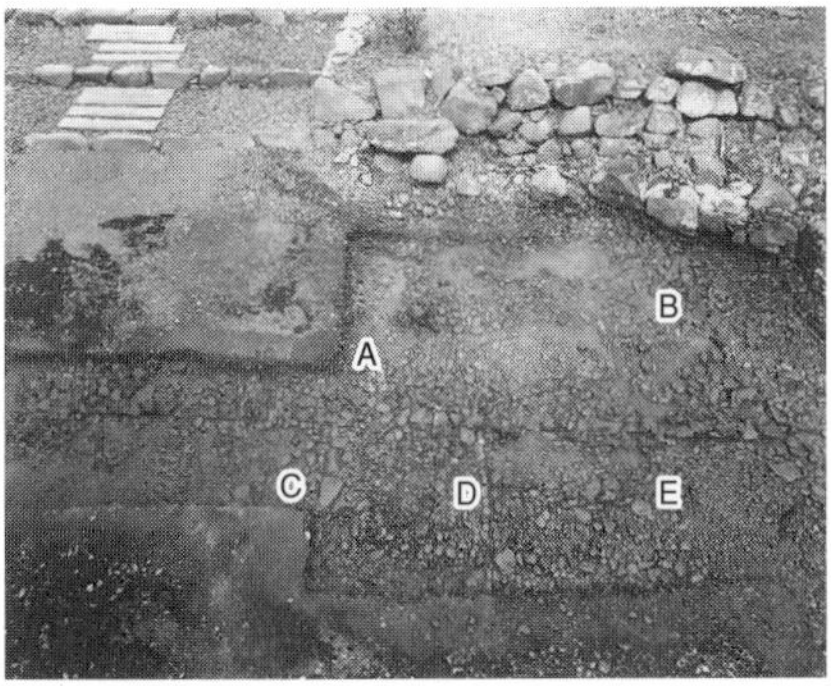

図22　三ノ丸の石列と玉石敷

図23　瓦の廃棄土壙

なお、そのなかに「はかた　左衛門」と刻み込まれた鷹羽文鬼瓦を発見しているが、これは築城当時の瓦の製作者もしくは製作地が筑前博多と強く関連していることがうかがえる史料であり、逆の意味で注目されよう。

名護屋城の築城・廃棄などの実態を具体的に示す遺構・遺物はきわめて少ない状況であるが、本遺構はその希少な事例のひとつである。

南東隅櫓台の改造
——旧石段

この石段は、南東隅櫓台跡の東側にほぼ埋没していた状況であり、これまではまったくその存在を認識されてい

図24　南東隅櫓台の新旧石段

なかった遺構である。発掘調査によって、東側に向かって上がる構造をとっていることと、そして、計六段のほぼ完全な状態で残る石段を発見することができた。石段は上がるにつれて徐々に幅を広くしており、上段の最大幅は約二メートル、踏み幅約〇・四メートル、蹴上高〇・三メートル。全体の高さは約一・八メートル。各段に二～四個の粗割石を用いているが、上段のものほど横細長の石で構築している。両脇には、粗割石で築いた袖石垣もつづいている。

しかし、最も問題となるのは、この構築完了の石段とその東側前面の（大手側）高石垣との位置関係である。なぜなら、石段最上部と石垣天端の間隔は〇・六メートルときわめて近いうえ、そのまま進むと何もなく、さらに、前方の狭い石垣上部に塀を配置していたとするならば、通路幅さえも確保できないだけではなく、隣接する三ノ丸南西櫓台に向かうことさえも不可能な状況だからである。つまり、現状では、この石段はまったく使用不可なのである。

その一方、西へ約九メートル離れた所には別の階段が置かれており、こちらは櫓台にそのまま上がるためのきちんと使用可能な配置となっていることが確認できる。ただし、この石段の初段は前者よりも一・二メートルほど高い位置から構築されていることから、この一帯ではいったんは造成された曲輪の地盤がふたたび広範囲に埋め立てられたようである。その結果、新たな盛土・かさ上げとともに本論の石段がほとんど埋められ、まったく別の位置に石段が配置されたことがうかがえる。つまり、両石段は同時期に配置されたものではなく、この南東隅櫓台が構築されていく過程において、なんらかの事情で曲輪全体の計画変更を余儀なくされた当時の状況を如実に示しているのではないかと推定される。この構築計画の変更を裏づけるように、旧石段の袖部から西へ続く石垣は、明確に櫓台の石垣に埋め込まれた前後関係も確認することができるのであり、その改造の一端をみせている。ということで、この旧石段が実際に使用されていたという可能性も、また少ないようである。

南東隅櫓台跡――新石段　この新規の階段は櫓台のほぼ中央に位置し、『肥前名護屋城図』屏風には三段の石段として描かれている。今回確認した石段も三段であり、最大幅三・六メートル、現存高約〇・九メートル。各段に長さ〇・五メートル程度の石を三～四個用いている。袖石には、細長い石材を立てている。また、この石段は旧石段の東側から延びる石垣をそのまま使うのではなく、それらを破壊したり、埋め込んだりした後、まったく新しい石垣面を少し前に出して構築していることも判明している。新規の計画とは、若干合わなかったのであろう。これも変更している。

なお、これら南東隅櫓台の新・旧石段が発見された区域からは、多量の瓦が出土した。それらのなかには、筑前名島城跡・筑前福岡城跡・肥前唐津城跡・豊臣秀保陣跡・堀秀治陣跡・徳川家康陣跡と同笵関係にあるものもみられる。

北東門跡　城の大手道、東出丸から通じる虎口部であり、城内への最初の関門となっている。その箇所で、礎石をもつ門の遺構を発見している。その親（鏡）柱の礎石三個と控柱一個の配列の状況をみると、門が開口する北側の間口は二間を採っているが、その西側が四・八《メートル》（一六尺）であるのに対し、東側は二・〇《メートル》（六尺五寸）と狭く、前者が主門で、後者は狭い脇門となる構造であったと思われる。

また、この門跡の周辺には玉石が敷き詰められているが、その状況を比較してみると、門の前後で約〇・五《メートル》程の段差が生じることから、そのままではなく、いったん石段をあがって門へ進入する構造となっていたようである。さらに、これら礎石の両脇に構える石垣の復元高もあわせて想定してみると、全体は櫓門の構造であった可能性が高い。『肥前名護屋城図』にも、そのような脇門を備えた櫓門が描かれている。遺物は、瓦が若干出土している。

なお、控柱を据える礎石の直上からは、なんと皇朝十二銭の「神功開珎」が一枚発見された。かなりの時代差をもつ遺物であり、出土したこと自体が別の疑問も投げかけている。

東櫓台跡について

この櫓台は三ノ丸東側のほぼ中央部に位置しており、直下の大手道を見下ろす要衝として配置されたようである。東西六・九五《メートル》×南北七・四《メートル》の規模が推定されるが、破却を大きく受けており、櫓台上部では礎石などの基礎構造を示す遺構は何も確認できていない。しかし、櫓台周辺に敷かれた玉砂利面よりさらに下層に別の瓦の堆積層が存在することから、やはり、この櫓台の一帯も当初のままではなく、改造されたことがうかがえる。また、この櫓台に付属する石段を北側で確認している。石段は計六段であり、幅は約一・八《メートル》、蹴上げの高さ〇・三《メートル》。粗割石を用い、それに根固め石を配するなど、丹念に構築されている。ただし、『肥前名護屋城図』には、この櫓に上がる石段が西側に描かれており、その位置は異なっている。

少ない井戸跡

山上部において、水手曲輪以外では唯一確認できる井戸跡であり、三ノ丸のほぼ中央に置かれている。現在はほぼ埋まっているが、小さな粗割石や自然石を用いた石組みのものである。平面は円形ではなく、なぜか楕円形であり、長径二・〇五メートル、短径一・六五メートル。一九九四年度に行ったレーダー探査では、この井戸跡周辺の旧状が谷地形であることが判明しており、その水が集まりやすい場所に意図的に配置したようである。しかし、一帯では、その他には玉石敷がみられるだけであり、『肥前名護屋城図』に描かれているような広縁を巡らせた建物（井戸屋形か）などは何も確認できていない。

最大規模の南西隅櫓跡

三ノ丸と馬場との間を防御する要衝の地点に位置している。その南面する石垣は三ノ丸外面の高石垣につながり、その高さは約一五メートル。曲輪側は約六メートル。櫓台上部の推定規模は東西約一二・七メートル×南北約一〇・一メートルもあり、櫓の規模としては、天守台に次いで城内最大規模のものである。使用している石材もやや大きなものが多く、特に、馬場側からの正面となる西側の石垣には三個の鏡石を並べ置き、さらに、その上部に加工した台形状の鏡石を配するなどの状況は、他の石垣にはみられないまったく特異な構成である。その石のひとつには、高さ二・九メートル、幅一・七メートル、重量は約一一トンもの城内最大の石材を使用している。

そして、それら鏡石の裏からは十六世紀頃の宝篋印塔の石を二個発見しているが、鏡石の根元に並べて置かれているような出土状況から考えると、単なる石垣の裏込めというものではない。全国的にも石川県金沢城跡でしか確認されていないが、石垣構築に際しての「鋤始め」の儀式というものを示している事例ではないだろうか。

また、その際に隅櫓の東側（城内となる三ノ丸側）中央部に配置された石段も発掘している。しかし、現状では両袖の石垣が大きく破壊され、それらが石段全体を覆い隠しており、上がれないだけではなく、当時の構造さえまったくみえていなかった状況であった。城では、高石垣だけではなく、石段のほとんどが破却されていたが、そのなかでも徹底した破壊行為の一例である。

その石段自体の構造であるが、途中に広場をもつ上下二段の構成であり、下段部は櫓台外側に六段、また上段部は櫓台内部に一一段、合計一七段で造られており、これも城内最大規模のものである。そして、上段部と下段部の間に配置された一・六メートル四方の広場であるが、粗割石を用いた平らな礎石を左右に一個ずつ確認している。礎石の間隔は約一・五メートルと狭いが、櫓への出入口を構成する門であると考えられる。すなわち、広場や上段部の石段は、櫓台に建つ建物の内部に付属するものであり、櫓建物は櫓台の下段部（外側）から上る構造であったと推定される。このように、櫓台の規模や石垣に巨大な鏡石が使用されていることから、城内でも重要な大規模な櫓であったと思われる。しかし、大手方向ではないのである。

南西隅櫓門跡

二ノ丸及び馬場から三ノ丸へ進入するこの虎口空間では、礎石をもつ門跡と玉石敷遺構を検出している。この門跡は上面を玉石で覆われた状態であったが、親柱の礎石三個と控柱の礎石を一個、そして控柱礎石の抜取跡を一カ所発見することができた。礎石は、最大で直径約一・六メートルにも及ぶ巨大な自然石を用いており、そのうち西側礎石には石を割りかけた矢穴跡も五カ所認められる。それらの配置関係から推定すると、桁行は二間であり、それに脇門が付く構造であろう。柱間は、主門開口部が

図25　南西隅櫓門跡

五・二メートル（一七尺）、脇門部が一・八メートル（六尺）、梁行は二間で、柱間隔は二・三メートル（七・五尺）ずつを採っている。北側控柱の礎石は一個しか確認できなかったが、親柱礎石との中間に若干露出している自然岩盤をそのまま利用したと考えられる。また、門跡の西側前面が馬場側より高い地形であることから、石段が想定されたが、スロープ状の玉石敷通路を検出しただけであった。

なお、南側礎石の玉石層から、明らかに時期差をともなう石垣の一部を検出している。この石垣は、櫓台石垣とほぼ並行に二～三段積み上げられており、その石面は北側（門の通路側）に向けられている。勾配をあまりもたない点から、それほどの高さではないようであるが、現状では、礎石や玉石の下に遺構が位置するため、全体像は確認できない。調査した延長は、三・一メートル。この石垣の発見によって、南西隅櫓台一帯もまた改造されたことが判明した。門跡北側の本丸石垣も大きく改造されていることから、この区域全体の築城当初の縄張りは、現状とはかなり構造的に違っており、この南西隅櫓および門はなかったとも考えられる。

遺物としては、南西隅櫓で用いられていたと思われる瓦が多量に出土した。それらの瓦の一部には、筑前名島城跡・肥前唐津城跡・豊臣秀保陣跡・堀秀治陣跡、そして古田織部陣跡出土の瓦と同笵のものが存在する。

5　水手曲輪跡

一般的には、このような名称の曲輪は井戸曲輪ともよばれており、井戸・用水・貯水などの施設を配置した区域として設定されている。つまり、城郭において、日常の生活上では欠くことのできない重要な曲輪でもある。

名護屋城では、この水手曲輪は本丸の北側下段に配置されている。周辺との関連をみると、その本丸の北東門から麓の水手口へと直通する主要な城道（水手道）が設けられており、これが水手曲輪の裾を東から北側へ廻って延びている。この通路からも、曲輪の東側に設けられた小さな虎口から入ることはできるが、主要な経路は別であり、天守台の北西側下段に置かれた遊撃丸から水手曲輪の南側を経て、本丸北東門へとまっすぐに通じるものがそうであろう。道幅は五《メートル》程度とやや狭いが、この配置から、本丸および遊撃丸から直接的に入り込んで使う区域として水手曲輪が設定されていたことがうかがえる。曲輪内部へも、その通路から急な石段を下り、進入していく構造である点からみると、その他の曲輪とはやや隔絶した単独の曲輪として構築されているようである。

発掘調査は、東西約三五《メートル》×南北約三五《メートル》の規模で造られた総石垣の曲輪のほぼ全域を対象として実施している。その結果、石段・配水施設・井戸・礎石建物・石垣・溝・土壙などのさまざまな遺構群と、貿易陶磁器（中国産・朝鮮国産）・国産陶器・土師器・瓦（金箔瓦・鯱瓦・軒丸瓦・軒平瓦など）・小柄・鉄釘・貝類（さざえ・あわび）などの多種・多量の遺物が出土しており、城内の他の曲輪の例とくらべると、かなり異例ともいえるほどの豊富な資料が得られている。

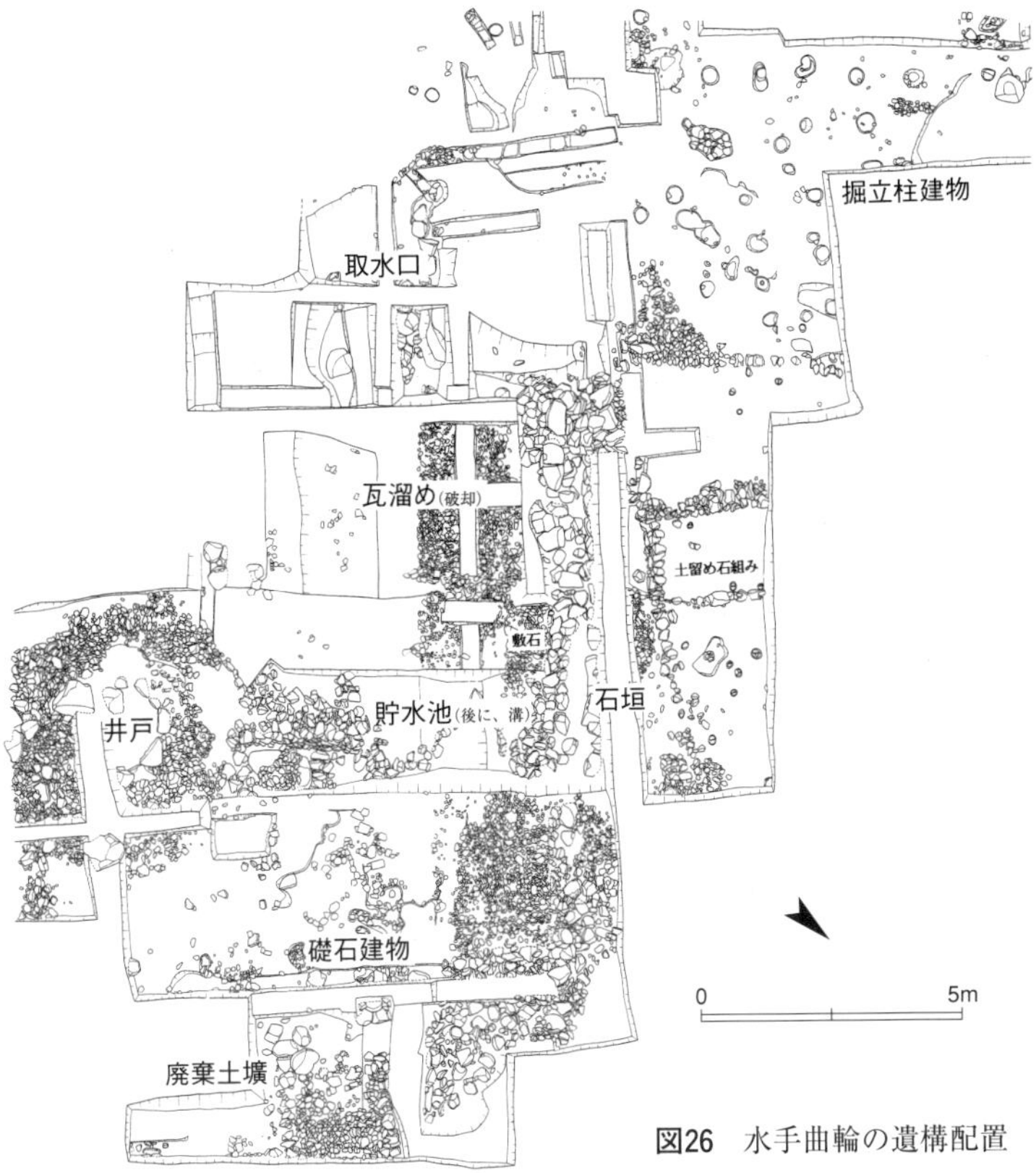

図26　水手曲輪の遺構配置

名護屋城の築城はいつか　一九九四年、名護屋城跡の実態を解明することを目的とし、本格的な発掘調査を開始することとなった。その最初の対象区域として、この水手曲輪が選択された。そして、この内部の発掘を始めたとたん、曲輪の西側で確認した石段の上から、何と「天正十八年」「五月吉日」と刻み込まれた丸瓦を発見したのである。これまで、名護屋城の築城に関しては、相良長毎宛ての石田正澄書状や黒田家譜などの史料から、「天正十九年の秋頃に始められた」といわれてきただけに、当時はたいへんな驚きとさまざまな波紋を投げかけ

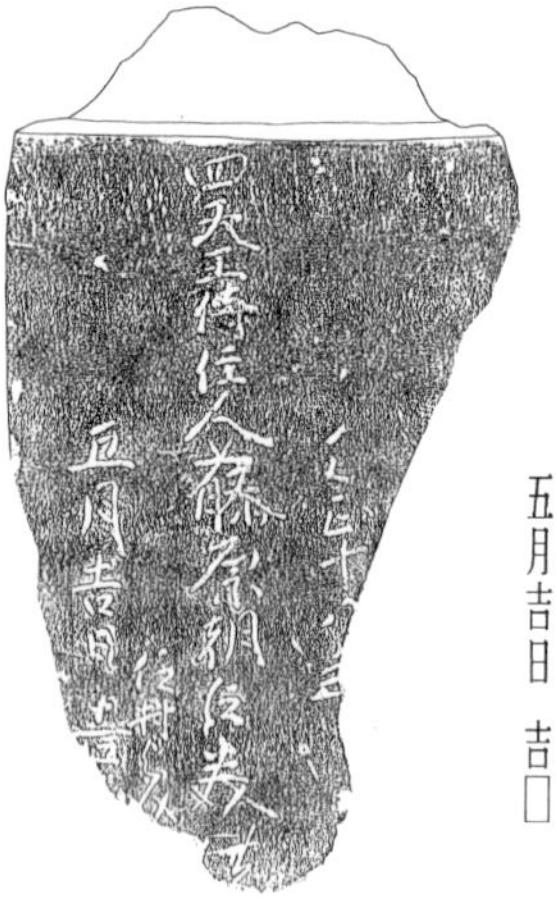

天正十八年（？）
四天王侍（寺）住人藤原朝臣美濃
住村与介
五月吉日　吉□

図27　「天正十八年」「五月吉日」と刻み込まれた丸瓦（拓本）

た。その評価としては、「瓦であり、ずっと以前に刻まれていたのではないか」「どこかにあったものを、運んできたのではないか」とみる一方で、「いや、これほどの巨大な城がわずか五～六カ月で完成したとするこれまでの考えに、大いに再考を促すものだ」「普請の開始と確定できないにしても、少なくとも相当の準備は始まっていた証拠だ」との考え方も発せられるなど、賛否両論の検証がつづいている。なお、この天正十八年五月当時といえば、豊臣秀吉は関東へ出兵し小田原の北条氏を攻めている最中である。

　また、この瓦には、その他に「四天王侍（寺）住人藤原朝臣美濃」「住村与介」の文字も刻まれていた。その両者ともに、どのような人物なのかは不明であるが、当時の（大坂）四天王寺地域が瓦生産の一大拠点であったことや、同じ名護屋城の本丸大手で出土した瓦にも「住村与介」が記されていることなどから、名護屋城の普請あるいは瓦職に実際に携わっていたのではないかと推定されている。となると、名護屋城の築城とはますます関連が強くなってくるのであるが。

改造されつづけた水手曲輪　それら遺構群が示す重複の状況や層的な関係から検討してみると、すべてがある一時期に配置されていたのではないようである。以下に述べる四つの段階を経ながら曲輪が改造されつづけ、さらに最終的には曲輪全体が破却されたと推定される。

①初期段階―井戸＋大溝と貯水施設＋掘立柱建物

曲輪の最下層で発見された遺構は、大溝とそれに付属する貯水施設であり、井戸もそれらの配置関係を意識していたように、貯水施設のすぐ東側にみられることから、これらが最も初期の構築物と考えられる。

大溝と貯水施設は、曲輪の中央よりやや南に位置しており、内部を大きく占有していることから、主要な構築物としての様相を示している。大溝は曲輪のやや南を西から東の方向へ流れており、それを受ける貯水施設がつづいて置かれている。大溝は素掘りであり、その始まりを曲輪の最も南側に設けてはいるが、現状では湧き水はまったくみられない。溜め井か池のようなものであろうか。また、溝の北面はほぼまっすぐに延びるのに対し、南面の方はやや南方へ拡がっており、あるいはゆるやかに曲がりながら流れており、やや異なっている。その南北両側の護岸の形状もやや違っており、南側（井戸側）は溝底から側壁全体をほぼ垂直な土壁とし、上部をゆるやかな傾斜面として造っているのに対し、北側は溝底からは同じ土壁であるものの、その上部の傾斜面には〇・二〜〇・三《メートル》ほどのやや大振りの石材を用いてていねいに石を張っており、さらに、その後ろに石垣を構築して、明瞭な段を造るなどしている。このように、溝の両側壁の状況はあまりにも違い過ぎているのである。溝の上面幅は七・二《メートル》、下底幅は〇・八《メートル》、深さは二・七《メートル》。また、貯水施設と考えられるものはこの溝がそのまま連続するものであり、同様にその壁面に張られた石の作業状況からみると、溝の流れを井戸の東側へ大きく迂

図28　初期段階の大溝

図29　初期段階の井戸

回させた所までを終点として構築されているようであるが、その明確なものは確認できていない。なお、その範囲は東西約一〇メートル、南北約五メートルにも及んでいる。

井戸は円形で、その規模は直径一・五メートル、深さは四メートル以上ある。井戸組みには〇・三メートルほどの小さな石材を用い、ほぼ垂直に組み上げている。通常ならば、この井戸が曲輪の中心的な施設と推定されるものであろうが、遊撃丸から下ってきた通路（石段）のすぐ前方、曲輪東端部に片寄って置かれている点からみても、配置自体は主体施設としての在り方ではない。

また、掘立柱建物のものと考えられる柱穴群が、井戸と反対側の溝を挟んだ西側に置かれている。それらの柱穴はかなり集中した状況であるが、それぞれの位置関係からみると方向を違えたものも存在していることから、この建物が建て替えられていた状況も推定できる。ただし、遺構が区域外にまで展開している状況とこの南西側区域が大きく削平されていることもあり、それらの全体規模は不明である。あるいは柵（垣根）状のものとも考えられる。なお、前述の大溝北壁の石垣と柱穴群の東側区域には、曲輪を造成した際の土留めの石組みがみられる。たがいの工事の前後（新旧）関係を考慮すると、あるいはこの掘立柱建物が最も早く置かれていた可能性もある。

②第二段階―井戸＋溝と礎石建物

初期段階の大溝と貯水施設の発掘状況をみると、北側の石垣が最後まで積み終わった形ではなく、石積みの途中までしか残っていなかった。それだけではなく、石材などを溝に落とし込むなどして大きく壊した後に、周辺を含めて、それらの大溝と貯水施設を大量の土砂で完全に埋め込んでいたことも判明している。つまり、これら一連の行為からは、この水手曲輪において、当初の計画にもとづき構築作業を進めていたものは、完成しなかったのかもしれない。あるいは、なんらかの事情で途中で大きく変更したことから、これほどの次の段階への普請（土木）をあらためて実行したとも推定される。ただし、井戸は初期段階の位置・構造のままで使用されていたようであり、改修された痕跡などはみられない。

では、この変更後の状況であるが、溝は初期段階の大溝の上面に同様に置かれている。つまり、地面全体を盛土して高めてはいるものの、その大溝が果たしていた機能はそのままに維持していくことを基本としているのである。ただし、規模がかなり縮小されるとともに、貯水する機能がこの段階にはなくなっていることから、かなりその趣を変えていることも推定できる。溝の幅は三・三メートル、深さ〇・六メートル、延長は約一二メートルしかない。

その他には、礎石建物と考えられる遺構を溝の東側で確認している。原位置と推定される礎石（二個）とその抜き取り跡だけであり、建物全体の規模は不明であるが、一帯の空間域をみると、大規模な建物としては推定しがたい。その礎石のひとつに、柱位置を示す「＋」の印が刻まれていたことから、建物遺構として判断している。柱間は約二《メートル》であり、およそ六尺五寸を採っている。

③第三段階―井戸＋溝

　第二段階の地面にさらに盛土を行い、改変を進めている。その目的としては、建物をおもな対象としていたようであり、前段階の礎石にも新たな盛土が及んでいるという状況から、建物そのものが廃されてしまったことがうかがえるのである。溝も、その規模（幅・深さ）をさらに縮小しているようであり、ゆるやかな水の流れとするならば、わずかにそれを確認できるにすぎない。多量の水を通し、貯めるという初期段階の意識はまったくなくなっている。溝の幅は二・六《メートル》。

　つまり、この段階では結果的に井戸と溝しか存在していないことになり、曲輪構成としてはかなり貧弱な景観が推定されるのである。逆に、曲輪として、成り立っていたのであろうか。

④最終段階

　この曲輪一帯を破壊し、その機能を閉じてしまう段階。いわゆる破却の様相であり、前段階の井戸と溝にその状況を確認することができる。

　まず、井戸であるが、その内部に多量の石材（井戸の石組みと裏込め）を放り込んで閉鎖しており、その深さは四《メートル》以上にも及んでいる。

　また、溝には多量の瓦が散乱した状況で厚く堆積しているほか、その北側に直径四・五×三《メートル》程の円形の土壙を掘り込み、瓦・陶磁器・土器・土製品・鉄釘・銅銭・小柄とともに多量の貝類（さざえ・あわびなど）・獣骨・炭化物などを廃棄していることも確認している。

　これらの遺物は、この段階までの曲輪の利用状

図30　最終段階の遺物散乱状況

況をひとつは示しているようであり、遺構の性格、さらには曲輪の機能などをうかがううえでも重要な資料となっている。たとえば、瓦には、丸瓦・平瓦に混じって金箔瓦・鯱瓦・鬼瓦そして多数の桐文瓦などもみられることから、単なる通常の建物としては想定しにくい。この曲輪のどこかに、かなり本格的な建物が存在していた可能性もある。陶磁器にも、国産品（美濃・唐津）とともに船載品（中国産・朝鮮国産）などが多数出土しており、それらの器種も茶碗・碗・大皿・皿・壺など多種・多様で、単なる井戸曲輪としての様相を示しているものではない。また、土製品として、犬形のものが一点だけ発見されている。その形状・特徴は、大坂城跡から出土したものにかなり酷似しており、これは祭祀にかかわるものと推定されている。

水手曲輪とは何か

以上の諸段階と確認した状況からみると、この水手曲輪は、その名称などからも井戸の施設が中心であろうと想定されていたのであるが、当初は水の貯水機能を主目的としており、それに井戸を付属しようとしていたことが判明した。ところが、その主たる施設を構築途中で完全に廃棄し、曲輪を貯水施設から井戸・建物を中心とする機能へと転換を図っていることも確かである。つまり、金箔瓦・鯱瓦・天目茶碗・大皿などの出土遺物の様相とも併せると、曲輪本来の「水」機能を大きく停止し、なかば遊興的な建物空間へと造り変えていったことが、結果としてうかがえる。となると、逆の課題も生じてこよう。それは、水手曲輪の性格を大転換した後、その「水」機能を名護屋城のどこに求めていったのかという問題である。あるいは求めなかったのであろうか。現状では、城内に残る井戸としては三ノ丸のただ一例にすぎない。

名護屋城の改造

名護屋城跡では、これまでにも本丸の改造・拡張による多聞櫓の設置、本丸大手の度々の改変、三ノ丸南東隅櫓の改造にともなう石段の設置場所の変更、弾正丸の石垣の継ぎ足しなどの発見から、現状の景観は築城当初のままではないことがしだいに判明しつつあるが、この水手曲輪の調査成果もその実例として加えることができよう。そして、これらの諸事例からは、一部の改修に留まらず、当初の名護屋城全体を対象として大きく改造していったとも推定される。それがなぜなのかは今後の大きな課題として残っているが、そこに城主である豊臣秀吉の意向が強く働いていたことは確かであり、否定できないであろう。

6　馬場跡

本丸の南側下段（高低差約一二メートル）に位置している。現状では、幅約一五メートル、延長約一二〇メートルの直線路であり、城の西側（二ノ丸・弾正丸・搦手口）と東側（三ノ丸）の間を直接的に連絡する唯一の重要な通路として設定されている。しかし、そのような縄張りとみえるものの、先述の本丸大手の発掘調査では、築城当初の石垣を完全に埋め込んで、本丸曲輪を南側へ拡張するという普請の跡を確認しており、この大改造によって、馬場側が逆に狭められていたことも判明している。つま

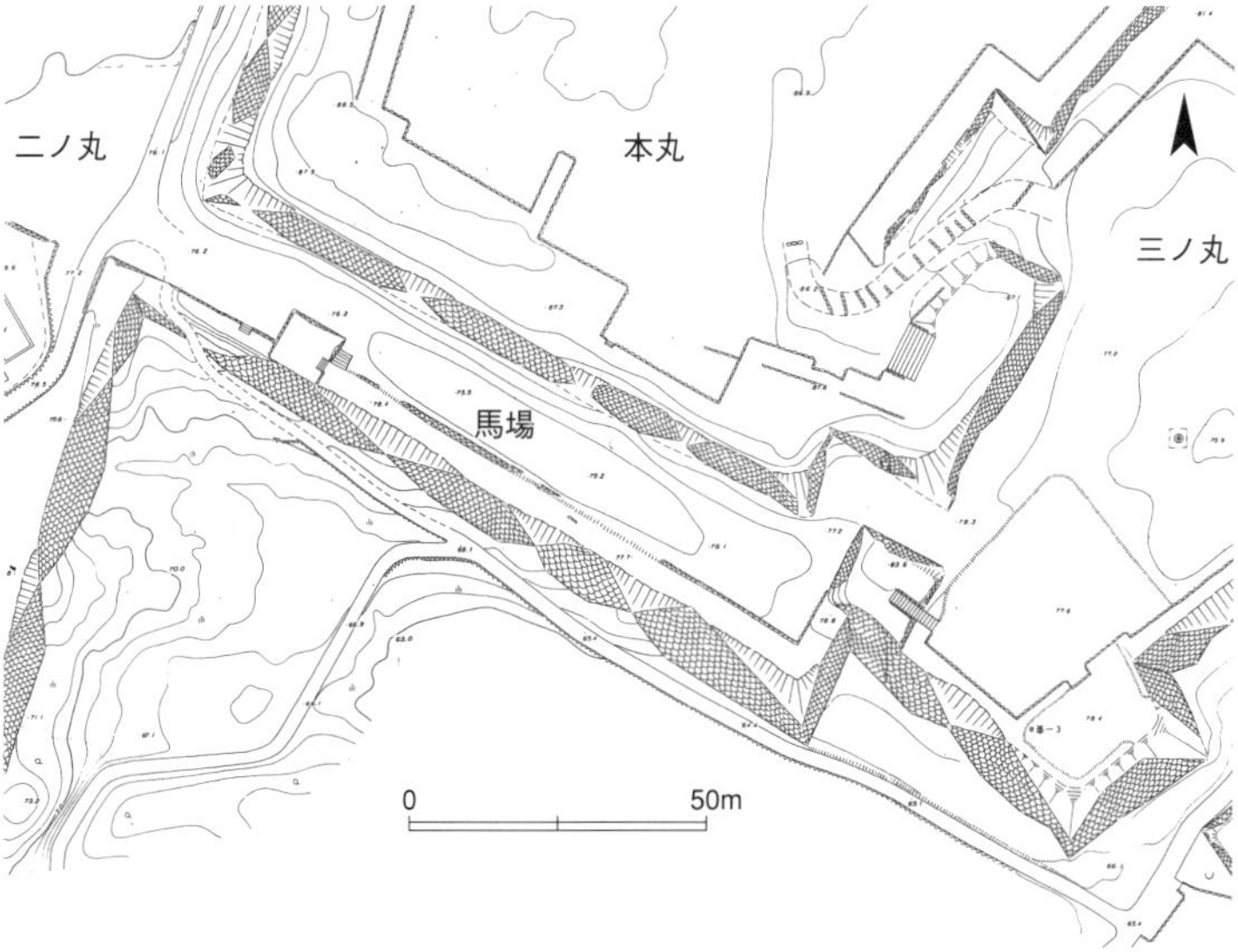

図31　馬場周辺の曲輪配置

り、この馬場一帯が現在とかなり違った構造を最初は採っていたのである。今、その新段階の石垣が旧段階のものを完全に覆い隠しており、詳細な様子はほとんど解明できないものの、少なくとも改造前の馬場の幅が二七《メートル》程に設定されていたことだけは確かであり、これがそのままの「馬場」としての通路だったとするならば、異様に広かったわけで、逆にそのことが縄張りのひとつの疑問としても生じてくるのではないだろうか。

一方、新段階での構造上の特徴をみると、その通路の東西両側にそれぞれ櫓を配置していることから、「馬場」そのものをかなり警戒した進入路として設定していたことが想定される。たとえば、その東端の三ノ丸南西隅櫓区域では、外(西)側から入ってくると、正面に巨大な櫓台の石垣の壁が立ち塞がるとともに、それを配置することで通路に明確な折れを造り、さらに、そこに門を設置して遮断するなど、三ノ丸側そして本丸への防御機能を確実に高めていることがうかがえるのである。

一方の西側であるが、櫓台の基底部の広さは、一〇×一〇メートル（三三尺）、上部は推定七・五メートル×七・一メートルもの規模であり、ある程度の大きさのものを配置していたことがわかる。残念ながら、この上部構造に関しては、石垣が破壊されて欠落しているうえに櫓台上面もやや削平されていることから、建物遺構などは発見できていない。しかし、周辺からは平瓦・丸瓦・軒瓦それに鬼瓦も出土していることから、建物にしても相当規模のものが存在していたことは確かである。また、その構築状況をみても、内部は大小の石材がたがいに層をなしており、裏込めには割り掛けた矢穴痕を残すものや大型の石材も混じっている。つまり、全体的には旧地形の自然地形とはかかわりなく、全体をまったく新たに立ち上げて造った人工の構造物であることが判明しているのである。

さて、それほどの本格的に構築された櫓ではあるが、通常の配置場所となるであろう通路西端部ではなく、なぜかその三〇メートルほども東に入った途中の地点に造られている。偶然かもしれないが、北側の築城当初となる本丸石垣の南西隅角部とは、位置関係がたがいにほぼ揃っているようである。このように、設置されたこの位置自体がかなり疑問であるのはもちろん、その構築にも「落とし込み」や異形の石材を用いた「割石」の技術によって築かれていることがうかがえ、周辺の状況とはまったく異なっている点も留意すべき大きな課題であろう。用いた技術の面だけにかぎって想定してみると、はたしてこれが当時に造られた櫓台なのであろうかという複雑な感もする。

さらに、この西側櫓台と一体的に通路を遮る施設（門遺構）があるものとして、その前面を発掘してみたが、確認できたものは他の箇所と同様に一面の玉石敷であり、礎石あるいはその抜き跡などはまったくなかったのである。このように、「馬場」とされる箇所が玉石敷であることもそうであるが、櫓台をわざわざ設置しておきながら、門が欠落していることに、またも疑問が残る。主要な曲輪を連絡する役割という点からも、名護屋城の「馬場」は、本当に「馬場」として機能していたのであろうか。

櫓台両側の石段と石塁の違い

その西側櫓台跡を挟んで、東西両側にそれぞれ石塁および石段が取り付いている。それらの設置目的に応じた構造で築かれたのであろうが、状況はやや異なっている。たとえば、東側の石塁の褶（馬踏み幅）が五メートルであるのに対し、西側は四メートルとやや狭い。また、東側の高さは二・三メートルもあり、西側よりも〇・六メートルほど高く造られているのである。そして、それらの石塁とも関連するが、この櫓台跡の東西両脇に石段が一カ所ずつ設けられている。

東側の石段は櫓へ上がるために設けられている。上下二段となっており、下段は石塁上部までで、そこにいったん広場（踊り場）を設け、それから上段の石段で櫓台上部までいたるものである。下段部は計六段で、石段幅三・一メートル、踏み幅〇・四五メートル前後。全体の勾配は四〇度で、やや急である。次の広場は、石で囲って空間を造り出しており、そこに残る石材や根固め石の配置から、広さは東西三・一メートル×南北二・二メートルを推定できる。そして、上段部であるが、その櫓東面の石垣との位置関係からみると、外側ではなく、櫓建物の内部階段として付けられている。現状では、石段数は四段にすぎないが、もう一段上までか。石段幅は二・一メートル。一段目の踏み幅は広く、〇・八メートル。二段目からは〇・三メートルほどにすぎず、かなり狭いうえに勾配も約五六度と急である。

一方、西側に設けられた石段であるが、配置的には城外側であるにもかかわらず、櫓自体に近接している点に留意しておきたい。なぜなら、この櫓の箇所で通路への防御機能をもたせていたとするならば、外側から櫓近くへ取り付きやすいような石段は少しでも避けるものと思われる。ひとつの検討課題ではないだろうか。構造的には小規模な合坂であり、上下二段を造る。下段は短い二段とし、その上部で狭いが広場をもつ。そして、その左右（東西）にさらに石段を通して石塁上部に上がる配置を採っている。現状では、上段の石段数はおのおの二段しかみられないが、もう一段を想定できる。下段は、幅二・〇メートル、踏み幅〇・四五メートル、上段は、幅一・二メートル、踏み幅〇・四メートル。広場は、幅二・〇メートル×奥行一・一メートル。また、この西側の石塁上面においては、全面に密に敷かれた玉石群を確認している。その目的のひとつは、塁上での通行であろうが、分布がなぜか外石垣の天端石部にまで広がっている。通常、石塁部の外面側には塀構造が想定されるのであり、その箇所には玉石を敷かないはずであるが、一面の玉石敷なのであり、そのような遺構の形跡はうかがえないのである。あるいは、天端石の角部に板塀を置くことも考えられないことではないが。

なお、この馬場跡から出土した瓦のなかには、豊臣秀保陣跡と同笵関係にあるものもみられる。

7　城内への道

大手道　名護屋城の中核区域である本丸・天守閣へと進むための城道は、四カ所に設けられている。そのうち、この大手道と称している道は、名護屋城と諸大名の陣屋の配置を記す『肥前名護屋城ならびに大名配陣図』などに「大手道」とあることから、この名称を使っている。つまり、名護屋城の最も重要な本丸・天守閣へいたるための主たる通路と思われているものである。しかし、その大手の現状を確認していくと、配置および構造のいずれにもかなり疑問の点

図32　太閤道と周辺の陣跡

が多い。

まず、その位置に関してみてみると、いわゆる城の「大手」というものは城下の町が展開する区域へ向けて直接的に通じているのが通常と思われるが、この名護屋城ではまったく反対となる南東側に配置されている。つまり、城下の町側を意識して置いたものではないような状況を示していることがわかる。ではなぜ、この方向が大手とされているのだろうか。その明確な根拠はないが、もし本当に当時も大手であったとするならば、たとえば唐津からこの名護屋へ向かって整備された「太閤道」がそのまま南方向から進んでくるとここが最短の位置であり、スムーズに取り付くことなどを考慮する必要があろう。

次いで、構造自体を検討してみると、城の大手であるにもかかわらず、搦手口・本丸大手、そして山里口で採用されているような喰い違いの石垣

ではなく、防御性に乏しい簡素な平入りの縄張りであることに、まず疑問が生じてくる。現状では、その大手口の左側に三ノ丸の高石垣が、そして、右側に櫓台が配置されているだけであり、その前面に枡形などをうかがわせる遺構は確認できていない。さらに、その櫓台部には相応の門を置いていたことも十分に推定されるのであるが、そのことを示す礎石などもまったく残っていなかった。城の大手であるここに、防御施設が何もないということはありえないことであり、あるいは後に撤去されてしまったのであろうか。謎が多い。

　ところで、この櫓台からは大手道を構成する石垣が東出丸へとつづいているが、その八《メートル》程先のところでは、何と埋め込まれた石垣を発見している。この石垣は隅角部を造って西側へ折れており、その南側は通路へ向けてゆるやかに上るなど、この箇所が当初は通路への出入口だった可能性がある。つまり、この大手口においても、現在の状況が当初のままの縄張りではなく、改造されていたことを推定させているのである。

　一応、その問題の箇所を通過すると、大手道としては直進していく。そして、一〇〇《メートル》程のゆるやかな坂を登っていくと東出丸へ入ることになるが、その直前では、大手口と同様に、左側にはやや高い石垣があり、右側には櫓台が配置されている。しかし、今度はそこにきちんと門を配置している。発掘調査では、西側に礎石を二個発見していることから、構造としては高麗門が推定できよう。規模は、桁行七・二《メートル》（二六尺）・梁行二・七《メートル》（八尺）。その周辺からは、瓦が多く出土している。そして、この門の箇所からは防御性が急に高められており、通路が大きく反転されるとともに、次の門がすぐそこに配置されているのである。そうすると、東出丸はその進入経路に対する横矢掛けの攻撃的空間としての曲輪であったことも推定できる。

搦手道

名護屋城へ南西方向から進入する通路・虎口として、構築されたものである。まず、城外からの進入路としては、両脇を石垣で構築した坂道を虎口空間へと延ばし、登城

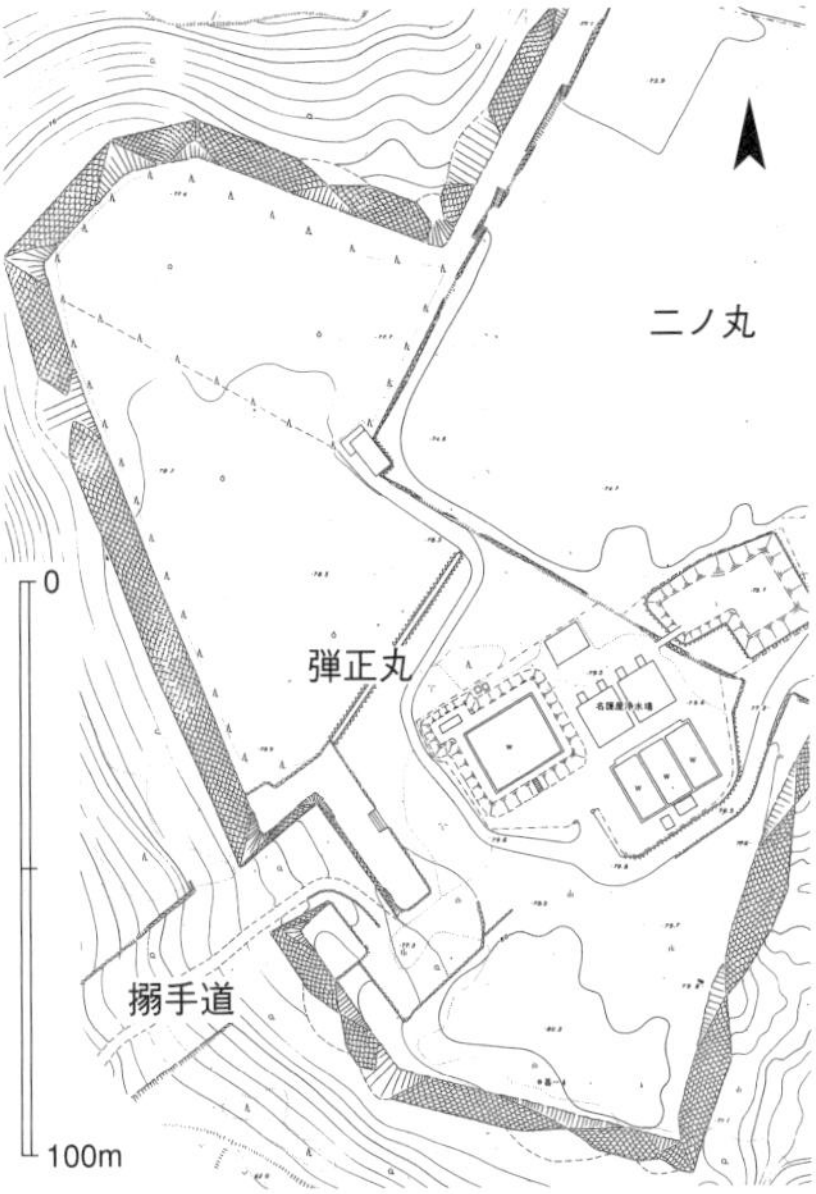

図33　搦手道と周辺の曲輪配置

路としている。石垣の現存高さは二～三メートルで、通路の現存長は約四〇メートルであるが、それ自体の進路方向は虎口部へやや斜めに取り付けるだけでなく、道幅・方向もあわせていない。道幅は、裾部約二三メートル、虎口側一八メートルとしており、上っていくにつれて少しずつ狭くなる。通路の方向では、通路北面側（左手）は虎口の北側石垣の方向にほぼあわせているのに対し、南面側（右手）は広く設定しており、弾正丸の南東部外周区域へと開いている。また、通路の石垣自体も虎口部へは直結せずに、虎口部あるいは弾正丸外周に設けられた犬走り（約七メートル）の地点で止めている。

つづく虎口であるが、右側の石垣で前面を受ける喰い違いの構造を採っており、本丸の大手筋や水手筋と同様に整然とした石垣構築による縄張りをなしている。まず、最初の開口部であるが、その幅は一二メートルとやや広い。そこを進むと右へ折れ

るが、ここは幅を九メートルとし、狭くしている。そして、さらに左へ折れることで、城内へといたる経路を設定している。さて、この虎口空間一帯については発掘調査を実施しているが、瓦敷きの側溝を発見できただけであり、その他に門や石段などの施設は何も確認できていない。一連の通路も後に大きく削られており、まったく遺構などがみられないなど、ほぼ消滅してしまっているようである。しかし、その開口部の右側には相当規模の櫓台が置かれており、対面する各箇所も段をなす高台としていることから、当然、開口部あるいは内部には門を設置していると推定される。

なお、ここを通り抜けると、弾正丸から二ノ丸あるいは馬場の方向へといたり、目の前には城の中核である天守台や本丸をのぞめるのであるが、そこへは直接的に通じてはいない。つまり、搦手口からは馬場そして三ノ丸へと大きくまわり込まなければ、本丸・天守閣へいたることができない縄張りとしており、名護屋城の各虎口のなかでは、本丸へ最もたどりにくく、途中の経路上の防御性もきわめて高い箇所といえよう。

水手道

『肥前名護屋城図』には、城の北側に広々とした町並みがていねいに描かれており、いわゆる城下の町が展開していたことを詳細に伝えている。そのいく筋もの通りに面して建ち並ぶ町屋や、そこで商う人びとのさまざまな日常がいきいきと感じられるとらえ方であり、名護屋城よりもこの景観の方が主観であったかのような構図である。

さて、城とかかわる通路のなかで、その城下の町と直接的に通じているのがこの水手道であり、他の大手口・搦手口、そして船手口はいずれも城下の町側を意識した場所に配置されたものではない。とすると、水手道は町との関係を重視した城

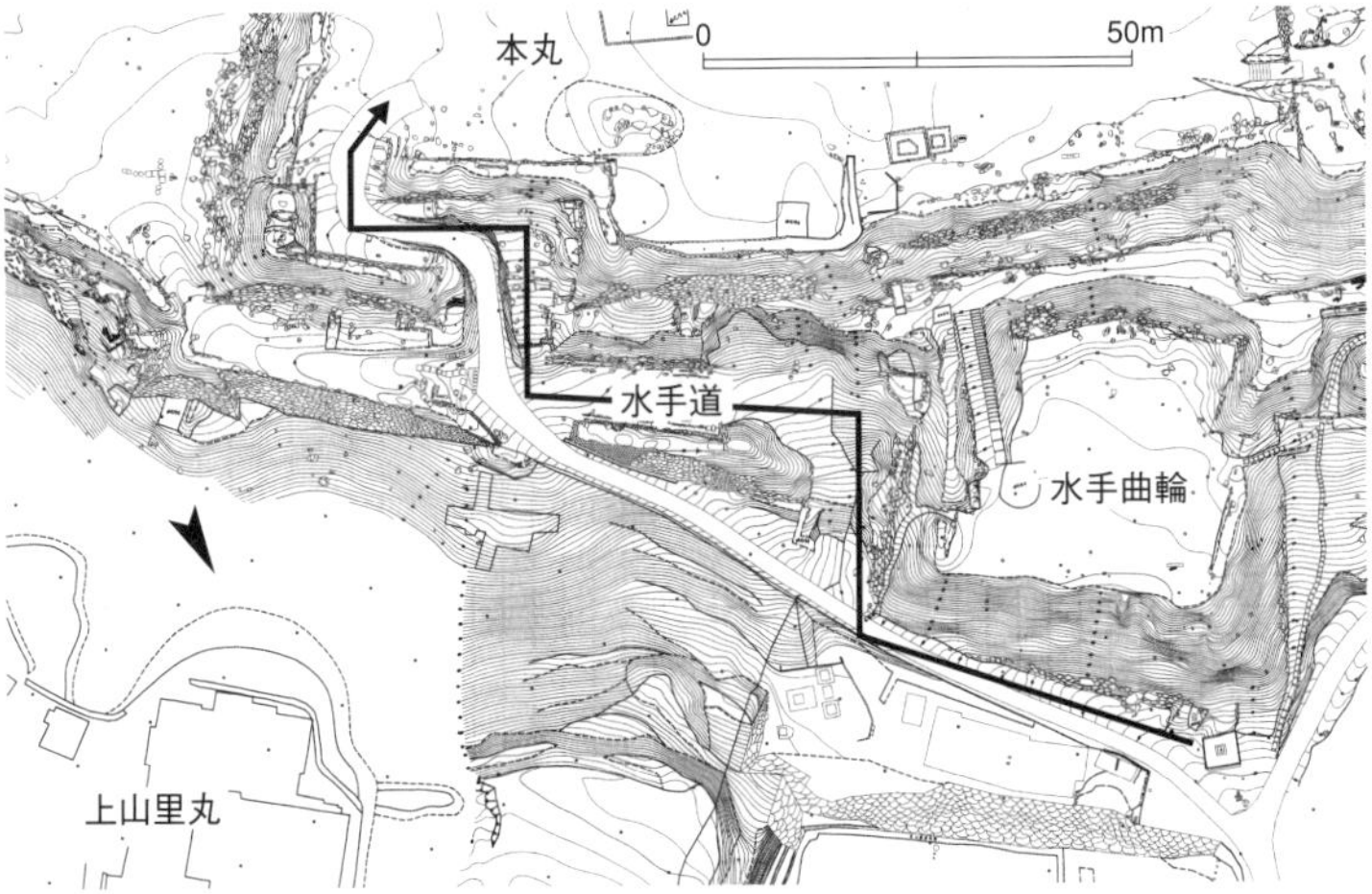

図34　水手道と周辺の曲輪配置

道として設定されていたのではないかということも想定されよう。しかし、現状や発掘調査の成果などからは、かならずしもそのような道としてではなく、きわめて独特の登城道として配置されていたことがうかがえてくる。

まず、その経路をたどってみると、本丸区域の北裾に登城口が開けられており、そこには最初の門が設置されている。それを抜けると、水手曲輪を構成する石垣の脇を北から東へたどって上がっていくこととなるが、そこに櫓台をなんとか確認できることから、ここにも次の門があったようである。さらに、進んで折れると、本丸の北東隅に設けられた喰い違い構造の虎口へ入っていくが、そこにも最終の防御となる門が構築されている。このように、山裾から本丸までの総延長一六〇メートル《メートル》あまりにも及ぶ水手道には、計三カ所の要地に門が配置されており、かなり厳重な防御態勢を採っ

図35　水手道の門跡

図36　水手道両側の側溝

ていたことがわかる。また、その脇には石組みの側溝もみられるなど、整然とした城道として造られていたことも確認できる。

しかし、この水手道の最たる特徴は、上述してきたように、麓から城内のどこの曲輪へも入ることなく、また通過することもなく、城の中核である本丸区域へ直登していく経路として構築されていることであろう。これは、防御を重要視した城郭の在るべき城道としては考えられないことであり、まったくの異例の状況であろう。否、これまでもさまざまな遺構の状況が疑問とされているように、このようなことが名護屋城の在り方なのかもしれない。

なお、それぞれの門の規模は、最初のものが桁行六メートル・梁行四・二メートルで、次は不明であるが、最終は幅六メートル、奥行四・八メートルを採っている。また、通路の幅をみると、最初が一二メートルで、次いで一二メートル、六メートル、一二メートル、六メートル、そして最終が六メートルへと次々と変えている。そのひとつの単位ははっきりと二メートル弱であり、つまり、六尺五寸をきちんと採りながら、設計されていることも興味深い。

Ⅲ　秀吉の居館―山里丸

1　上山里丸―秀吉居館跡

『肥前名護屋城図』の山里丸　天守閣や本丸などが配置された山頂部から北側の山裾に下ると、城郭とはやや趣を違えた景観が描かれている。この一帯が、豊臣秀吉の名護屋滞在中における御座所として造営された居館区域、つまり、山里丸と称されている所である。

まず、絵には山里丸の前面に水を湛えた鯱鉾池があり、その堀端に東西方向へ抜ける一本の道が配されている。ただ、これは城下の通りではなく、山里丸への進入を主たる目的としたものであり、その警戒のためであろうか、区域の両端には簡素ではあるものの門（城戸）も配置されている。そして、その区切られた空間のなかであるが、道に面した門と塀・石垣の配置からみると、大きくは三区画に分けられていることがわかる。現在は、そのうちの東側の二区画を下山里丸、西側の一区画を上山里丸とよんでいる。

さらに詳細にみると、下山里丸の東端の区画には能舞台とその橋掛かり・楽屋の空間が、その隣

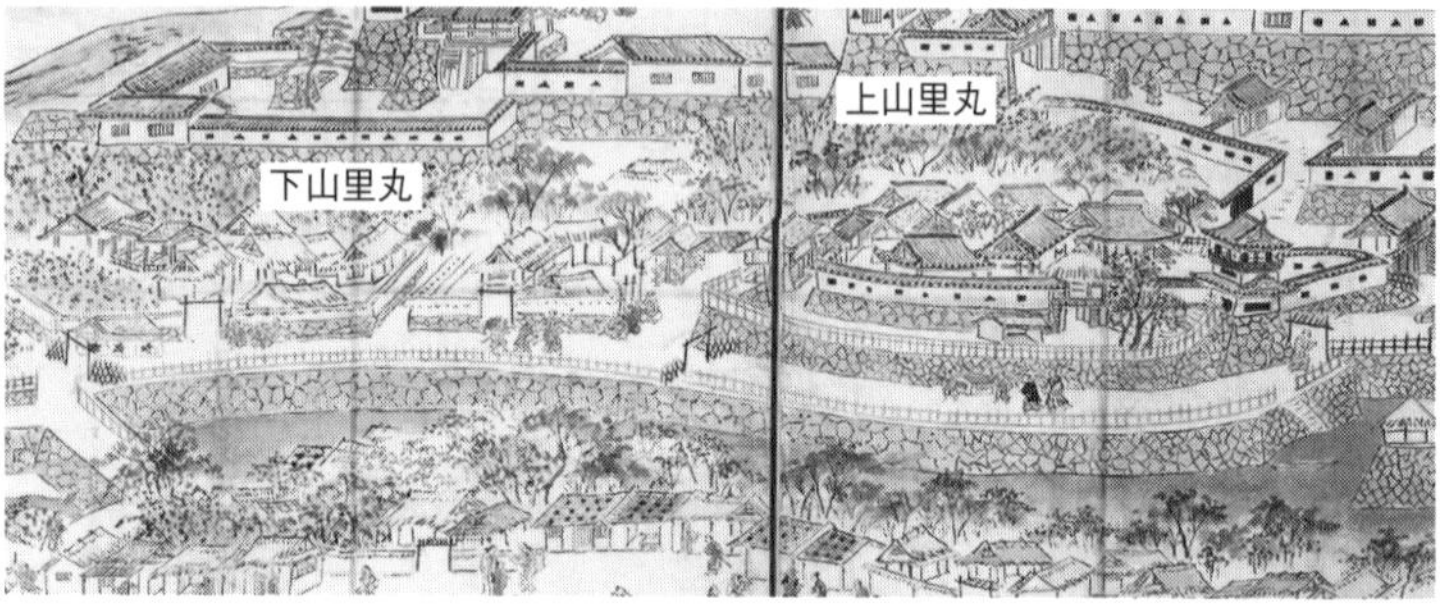

図37　『肥前名護屋城図』に描かれた山里丸

のやや小規模な区画には四棟の建物がそれぞれ描かれている。一方、豊臣秀吉の居館区域となる上山里丸の方は二段の石垣で囲まれており、東側には櫓門を、北側には簡素なわら葺きの門を備えている。そして、それをくぐり抜けると、居館中核部には多くの瓦葺きあるいは柿葺きの建物群がみられるほか、北西隅に重層の瓦葺き建物（月見櫓）を、その奥にはわら葺きの屋根をそれぞれうかがうことができる。

また、前面の堀（鯱鉾池）であるが、対岸の城下の武家屋敷や町屋との間を一応は区切ってはいるものの、天下人たる豊臣秀吉の動向を間近にうかがい知れるような狭い堀幅であることから、いわゆる城郭の堀としての防御機能を十分に果たしているとは思えない。絵には、そのような意図で配置していないことを示すかのように、水をたたえた風情ある景観のなかに山里丸から水辺へ下りていくための石段、台所丸から迫り出した朱の欄干、そして、水面に浮かぶ一艘の小舟が描かれている。

山里丸の発掘調査

名護屋城の重要区域のひとつであるこの山里丸については、上・下区域ともに発掘調査が進められており、およその状況を把握することができつつある。下山里丸の方は、後世の土地利用によって遺構の残存はさほど良好ではないようであるが、上山里丸の方は、豊臣秀吉が日常の生活を過ごしていた場所であるとともに、秀吉の没後はその弔いの庵、次いで寺（現、広沢寺）が置かれていたこともあって、大きな改変はないような結果が得られている。

まず、その上山里丸の全体構造であるが、絵と同様に東側と北側に虎口（出入口）を設けており、それを上がると、東西約一〇〇メートル×南北約六〇〜八〇メートルのほぼ平坦な中核部とその西側最奥部に東西約三〇メートル×南北約一七メートルほどの狭い空間が配置されている。ところが、その両区域の間は五メートルほどの高い土手で区切られており、奥の様子は東側の中核部からは遮断されてみえない曲輪の構成となっている。絵では、ここにわら葺きの屋根が描かれている。

発掘では、東側の虎口・中核区域・西端区域をおもな対象として実施している。以下に、それらの概要を示していく。

山里丸の大手

一九八七年度の石垣整備にともなう調査において、東側の虎口空間は二重の喰い違いをなす石垣で構築された厳重な出入口であったことが確認されている。もうひとつの北側虎口の現状と比較すると、東側の方が規模も大きく、かなり正面性の強い構造となっており、この東側が山里丸の大手的な機能をもつ、いわゆる「山里口」であると推定される。

その具体的な構造を確認してみると、山里丸東端部に取り付くこの山里口は、東西約三〇メートル×南北約五〇メートルのかなり広い範囲を占めている。そこでは、石垣・通路（玉石敷）・石段・門そして排水路を確認しているが、これらは、すべて北東部の入口から北西方向への曲輪区域までの比高差約一一メートルを徐々に上がり、曲輪本体へいたるための

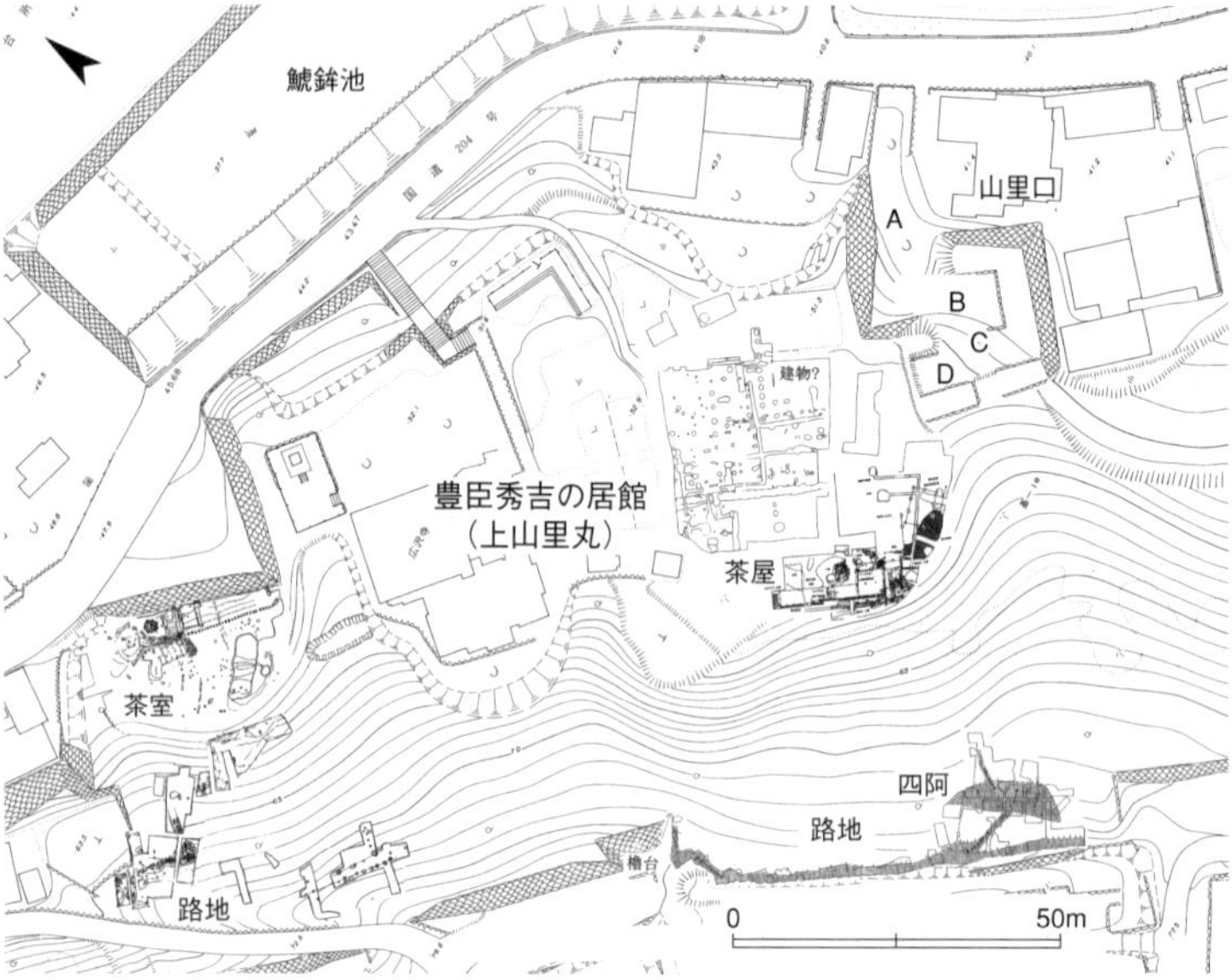

図38　上山里丸の遺構配置

経路としての遺構である。それら個々の遺構については、石段あるいは単なる坂を造り、また、最後の空間では門構造を配置するなどの点では、いわば通有の配置をなしているにすぎない。

この空間の最大の特徴は、ひとつは経路に「折れ」を連続させることでそのたどる延長を長くするとともに複雑化し、虎口の防御機能をかなり高めている点である。この名護屋城跡には、この他に大手口・搦手口・船手口・水手口の四カ所におもな虎口をみることができ、それぞれに特徴ある構造をもってはいるものの、この山里口のような石垣の組み合わせを示すものはない。さらに注目されるのは、石垣の構築技法に関することである。ひとつは通路に面した築石部に鏡石（あるいは大平石）をかなり多用していること、もうひとつは、この名護屋城は江戸時代に大規模な破却を受けた城として知られているが、ここにはなぜかまったく破壊されていない隅角部が北東端に一カ所だけ残されており、城内唯一の希少例として確認できることである。

折れをくり返す通路

発掘調査では、現在みられる石垣のほかに、北側の入口付近にさらに石垣が埋没していることが新たに判明しており、この山里口の虎口構造がさらに複雑であったことが推定できる。しかし、その一部しか確認されていないため、進入口部分の全体構造としては不明のままである。現状での虎口空間・経路をとらえてみると、少なくとも五回の折れを次々とくり返していること、その通路幅をA（東西）八メートル→B（南北）四・五メートル→C（東西）六メートル→D（南北）五・四メートルで構築し、同一の規格としていないことなどが特徴として挙げられる。

また、現状では、曲輪への進入区域となる通路の最上部で門の礎石を確認しており、ここで厳重に警備していたことがわかる。礎石は計四個しかないが、その左右の石垣と構成された櫓門の構造が推定され、それを通過した後に最終の石段を上がり、ようやく山里丸へたどり着くものと思われる。門の幅は約四・五メートル、奥行きは四メートルである。

このように、曲輪の内部空間全体が秀吉個人の遊興的な生活環境を示すような構成であるにもかかわらず、逆に、この山里口は城郭としての構えを色濃く打ち出しているのであり、その組合せには名護屋城における「異質の妙」ともいうべき特異性がうかがえる。

独特の技で構築された石垣

現在、この山里口の石垣の多くはかなり壊されており、ほぼ根石部分しか確認できなかった箇所もある。そのなかで、進入口一帯に残っている石垣は六メートルほどの高さもあり、当時の石工衆による構築技術の状況を良好に伝えている。

図39　発掘調査時の山里口　鏡石が多用されている

その特徴のひとつは、石垣の各面に使われている「鏡石（大平石）」の技術である。これは、石材の控え（長さ）が短くなるにもかかわらず、最も広い石面を表に使うことで、ひとつの意図的な表現をする特異な積み方であり、石垣としては危険性が高い構築方法とされている。ゆえに、より安定的な強い石垣がのぞまれる城郭においては、通常は採用されにくい技術なのであるが、ここでは異常とも思えるほどの頻度で多用されているのがわかる。つまり、この強さよりも「見せること」を重視した技術の採用からも、山里丸が名護屋城のなかでも特異な拠点であったことがうかがい知れる。

山里丸の中核区域

この区域の西側に広沢寺の本堂などが置かれていることから、調査は東半部を中心として行った。その発掘の概要を検討してみると、東端の山里口から石段を登り終えた正面の広い箇所と、曲輪の南側の箇所とでそれぞれ趣を違えた様相を確認することができている。

まず、通路正面の曲輪中心部に近い対象区域では、掘立柱の柱穴群と礎石らしき石材をわずかに発見している。その掘立柱群は南北二カ所で列をなしており、南側の門・石段に近い方は鉤状に、北（奥）側の方は直線状に、それぞれ東西方向を主軸として並んでいる。そのいずれも柱の東西軸を北から東へ五四度振っており、同一の方向で配置されていることから、たがいに関連する遺構であることが推定できる。しかし、両列は約七・五メートル離れており、しかも、現状ではともに囲い込む柱配置の状況でもないことから、建物を構成していたものかどうか、その性格を判断できていない。なお、南側は四間（柱間一・二メートル）と八間（〇・八メートルと一・二メートル）まで、北側は九間（一・二メートル）までの柱穴は確認できており、そのいくつかには柱痕跡も残っている。

　次に、山里丸は名護屋城北側の山裾を削って平坦な曲輪としているのであるが、その山裾の際近くで、多種・多量の遺物とともに礎石建物跡と池状遺構を中心としたまとまった遺構群を発見している。残存状況も良好であり、おもな遺構としては礎石建物跡・池状遺構・配水遺構・泉水遺構・大小の玉石敷・垣（塀）跡、そして土壇（玉石敷）と掘立柱建物跡などがみられる。

　しかし、ここでの謎は、そのすべてが同一時期に配置されていたものではなく、おそらく秀吉が滞在していた時期とその後になぜか進められた行為と思われる状況とが複層して残っていることである。つまり、遺構の内容・性格から推定すると、秀吉の頃にはこの南東隅の最も奥まった所に一棟の小規模な建物を建て、さらに、前面（北側）に庭や池などを配することで、風情あるたたずまいを創り出していたことが、まず確認できる。しかし、その後、それら全域がそのまま保たれていた形跡はなく、逆に人為的にすべてが封じられていたこともうかがえるのである。土壇の遺構はそのひとつの証しでもあるが、それがなぜに行われたのかはまったくわからない。

中核は小さな礎石建物

　曲輪の最も南東隅で確認された一棟の建物跡（ＳＢ０１）が中核となるものであり、その西側に関

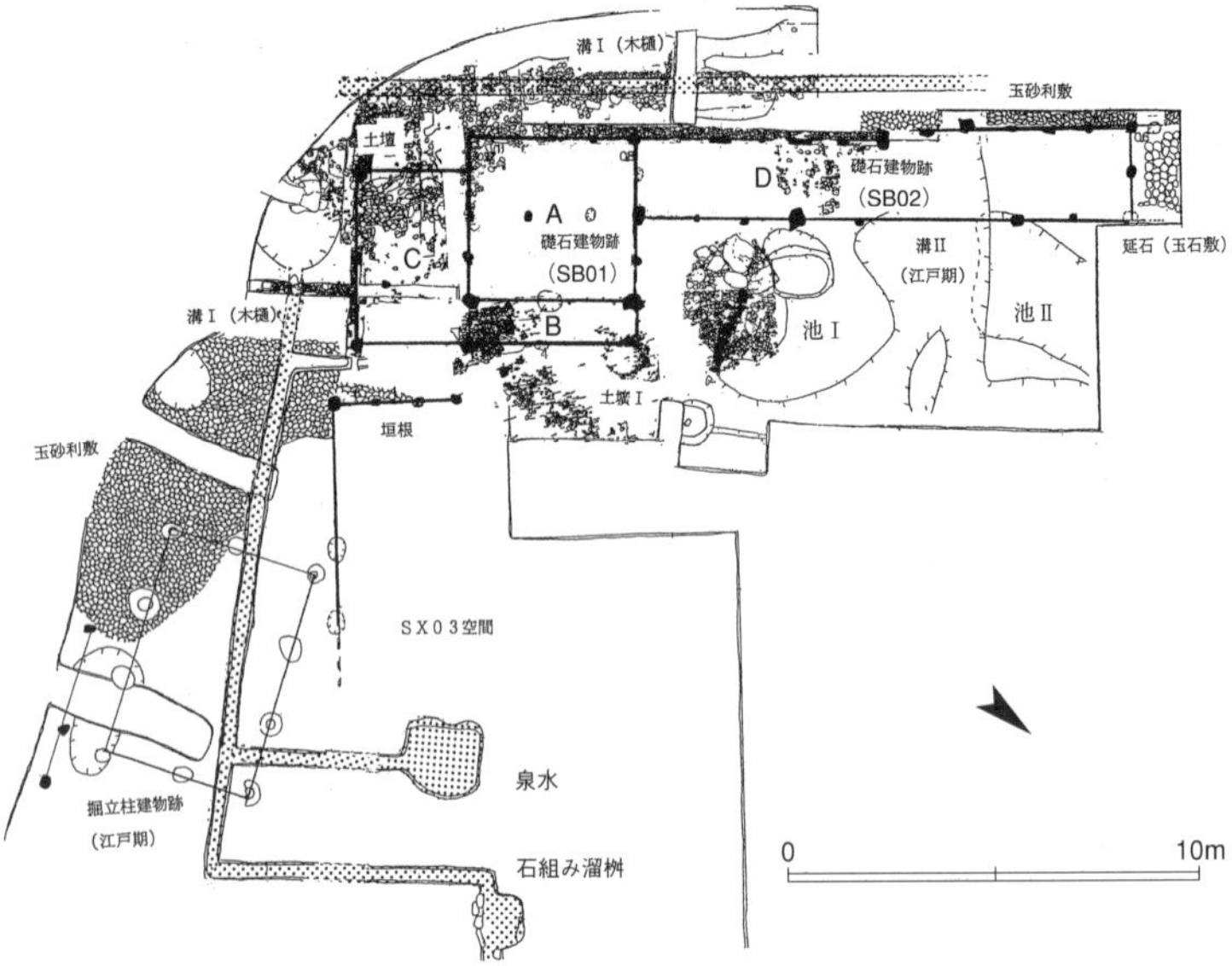

図40　御茶屋の遺構配置

連するもうひとつの施設（ＳＢ０２）が付随しているだけの簡素な配置構造である。その建物の規模もそれほど大きくなく、礎石の配置から西側Ａの梁行三・八メートル（四間）×桁行四メートル（四間）と東側Ｃの梁行二・七メートル（間数不明）×桁行四メートル（四間）の複室で構成されており、さらに、西の間の方には、北側にさらに一間分（一×四メートル）の広さの空間Ｂが付属し、そのうちの東側一間×一間の範囲には玉石も敷かれている。建物の内部であるということと、建物全体の配置関係から推定すると、ここを前面の庭への降り口としていたようである。また、この建物の北西隅には、直径一メートル、深さ〇・四メートルほどの円形土壙が整然と据わっているが、擂鉢状をなし、その全体に玉石が敷かれている状況は、単なる土壙ではないようである。位置的にみても、まさに建物にともなって配置されたものであり、たとえば、手水鉢か何かを据えていた跡なのかもしれない。

そして、この小さな建物へ向けて、西側から幅一・八〜二・一メートル（一間）・延長一二メートル（北一二間、南九間）の礎石建物（SB02）が取り付いているが、かなり細長い形態であることや、その西端には二〇センチほどの大きな丸石がていねいに敷き詰められており、ここが奥の建物への正面の出入口として造られていることなどから、その全容は渡り廊のような構造として想定される。つまり、このような廊を渡って奥の建物へと進んでいくような趣をうかがわせるのであり、秀吉の御殿などというものではない。なお、その床構造の違いによるものか、この廊の南北両桁行の礎石間隔は異なっており、南側が一メートル置きに整然と並べられているのに対し、北側は四メートルの距離を一単位として、それらをおよそ三分割で配置している。

その他に、建物まわりの遺構の状況をみると、建物群の表（東側）と裏（西側）ではその様相がかなり異なっていることがわかる。まず、表側であるが、建物跡の前面に鈎形に区切った垣（塀）跡を確認することができるが、その遺構を境として南側には玉石が密に敷き並べられているのに対し、北側は玉石敷ではなく、まったくの土の面としている点である。そして、そのやや広い土の空間域には水を排するだけではなく、配水のための溝とそれにかかわる土壙だけしか置かれていない点も重要であろう。建物と同様で、やはり質素な感がする。一方の裏側となる西側および南側であるが、玉石をていねいに敷き詰め、山側近くには建物跡と並行に排水を兼ねた雨落溝（木製）を配している。とくに、建物の礎石付近では、建物そのものの当初の内・外を確認できるほど、玉石の範囲をきわめて明瞭に区切って敷き並べている状況がみられる。

以上のような一棟の建物と渡り廊、そしてまわりのさまざまな構成には、どこか「侘び・寂び」の風情を漂わせている。

建物の前に置かれた池

この主要な建物の表（前面）には、それほど深いものではないが、池状の窪みを二カ所で確認している。ひとつは、その北脇に置かれている。やや楕円形であり、長径五・二メートル×短径四・〇メートル、深さ〇・三メートルの小規模な池であるが、その南西側にやや大きめの石を三個配置するほか、底部には玉石を敷き詰めている。また、その大石を基点として、東側に二・二メートルほどの敷石列が延びており、さらにその一メートル先には直径一メートル、深さ一・〇メートルの円形の穴（溜め）もみることができる。状況として、これらの遺構は池の「石組み」及び「配水」のものと推定される。

また、もうひとつの池はそれより約二メートル北側に置かれている。渡り廊に近接しており、奥へと進んでいく際に、左手にながめることができる。やや楕円形をしており、長径三・二メートル×短径二・四メートル、深さ〇・五メートルで、やはり小さい。ところが、こちら側に堆積した土の状況をみると、自然に埋まっていったのではなく、使わなくなった後、時を置かずに人為的に埋められた可能性がうかがえる。それにともなってのことであろうか、池底のほぼ中央には、埋土とは異なる青白い土が丸く置かれており、その最下部で埋納されたとみられる一枚の洪武通寳を発見している。

なお、この一帯では多量の陶磁器片が出土しており、そのなかには天目茶碗や小杯（美濃焼）・小皿（中国産）などもみられる。とくに、池のなかから、盃としての利用も推定される小杯が出土している状況は、建物の性格・利用がうかがえる点でも注目されよう。

配水および泉水遺構

また、この建物のまわりには、北側を除いて、西・南・東側にそれぞれ溝が巡らされている。それらは単一のものではなく、いずれも合流しており、全体の水の流れとしてはまとまって、山際の西から曲輪東方の石垣方向へ抜けていくのであるが、用途としてはやや異なっている。

ひとつは、建物裏（西側）から南へ延び、曲輪の隅で東に折れて走る本流の溝であり、これは雨水などの排水をおもな目的としたものであろう。しかし、他の二条の溝は違っている。ひとつは、建物の東側に並行して配置された溝である。途中までしか残っていないが、その先、建物北端の手水鉢ではないかと想定した土壙から延びていたようであり、手水の用をなしていたのではないか。もう一条の溝は、建物に関連したものではなく、その前面の庭空間に唯一設けられた水溜めを源としており、それから南の本流の溝へ流れ込むように配されている（ただし、この水溜め遺構自体には湧水はないので、ここへは人為的に水を引き込まなければならないが、その施設や経路などは不明）。主体となる水溜めの遺構であるが、ほぼ方形をなし、一・八メートル×一・八メートルの規模で、深さは〇・四メートル。その壁面近くからは角釘が出土していることから、壁は土のままではなく、木の板枠が宛てられており、底部には全面に玉石をていねいに敷くなど、単なる貯水の施設ではない。想定してみると、泉水のようなものだろうか。なお、封じられた建物区域と同様に、やはり、この遺構の上面全体を黄色粘土で覆い隠している状況も確認しており、部分的には、炭化物とともに貝殻（鮑・さざえなど）や魚類の骨が混じった黒色土もみられる。そして、その下層から青銅製の小柄二点・中国産磁器・国産土師器などが出土している。

さて、それらの水の行き先であるが、東端で一条の溝にまとまり、一度北へ屈曲した後、石組みの小さな溜め桝に入り、さらに東へと進んで、曲輪北側の石垣へと抜けていくものと推定される。この溜め桝は一・三メートル×一・〇メートルの小規模な自然の石組みのものであり、その底には小さな玉石を敷くなど、ていねいな造りである。このなかから、陶磁器に混じって、茶道具の灰匙（青銅製）も出土している。

図41　上山里丸の中核区域全景

謎の封じ込め

この一帯の発掘を始めた際、建物跡全域を中心にその南側および東側周辺域のかなり広範囲にわたって、黄色粘土が覆っている状況をまず発見した。あたり一面に、異様な黄色い土が広がっていたのである。さらに、その粘土層は一〇センチほども厚く敷き込められていたが、そのなかにはまったく遺物が混じっていないことや、その下にある玉石がきわめて整然と敷かれたままの状態で残されており、ほとんど乱れていないことも判明した。それらの様相から推定してみると、建物の上屋だけは解いているものの、それ以外の一帯の現況には手を付けることなく、そのままていねいに封じ込めていたことは確かである。さらに、周辺の溝も水溜めも溜め桝も同様に隠されており、この対象が限定的なものではなく、当時の建物に関連するすべてを目的としていたことも確かなのである。つまり、この一連の行為には、単なる破壊とはまったく異なる強い意識が働いているということを考えなければならないであろう。

奉りの土壇

その封じ込めを行った後にも、奇妙なことがまたなされている。場所は建物南端隅部であり、黄色の封土の上面に、黄色粘土や青灰色粘土を用いて、さらに壇を造っていたのである。壇は、三メートル×二メートルの範囲で〇・三メートルほど高められており、その上面にはやや大きめの玉石が二度にわたって敷かれているだけではなく、その周辺には炭化物をともなう浅い穴がいくつも点在するとともに土師器も多く散乱するなど、何か一種の祭祀的な様相がうかがえる。

一連の遺構をどうみるか

以上のような遺構の配置および状況からみると、山里丸の南隅に位置するわずか四メートル四方のＳＢ０１建物跡がこの広い空間域の中心であることは確かであり、さらに、それへ伝うものとしては長すぎるほどの渡り廊を付設している点が、大きく注目される。つまり、これらの建物群は、その北端にみごとな延石敷の出入口をもつとともに、周囲には玉石敷も広がっていることから、広大な御殿建築の一部ではなく、あくまでもこの小規模な一棟だけの単独のものであり、さらに建物配置そのものも独特の様相を示しているのである。また、その前面の広い空間にはわずかに小規模の池と配水の溝・泉水・溜めなどしかみることができず、なぜかかなりの空きをもって全体を配置・構成している点も重要であろう。

　となると、これらの諸状況からは『肥前名護屋城図』に描かれている山里丸の「御殿」「広間」などの豪壮な正式の建物を想定することはできない。「小規模な建物」「池」「泉水遺構」「配水施設」などの構成からは、かなり趣をもった遊興的な接待空間としての様相がうかがい知れるのである。つまり、「小規模な建物」は「御茶屋」、そして「池」「泉水遺構」「配水施設」はひとつの「庭」としての評価・推定をしてよいものであろう。ここに、秀吉の山里丸での日常生活と直接にかかわる貴重な遺構を発見したのである。

　しかし、その重要な空間である山里丸が、最終的には整然と閉じられていたことも判明した。その実行された様相はきわめて異例のものであり、国内の城郭史・建築史においてもまったく類を見ない。その内容からみて、民俗学的にも貴重な事例である。その行動を手順に添って追ってみると、①「御茶屋」などの建物を解体。②解体後、この広い空間を「池」「玉石敷」なども含めて、荒らすことなくていねいに埋める。黄色粘土の厚さは一〇センチ程度とし、意識的に全体を覆い隠す。③その後、建物南隅部付近に新たに土壇を設け、その一帯でなんらかの「まつり」を行う。また、泉水遺構においては、同様に黄色粘土で一〇センチ程覆い、異なった形の「まつり」を行うが、さらにこの上部を厚く粘土で塞ぐ。④この一連の行為の後は、あらためてこれらの区域を掘り返すことはなかった。

　以上の通りに進められていたと推定される。しかし、さらに問題となるのはこの尋常とは思えない行為をなぜに行ったのか、そしていつ行ったのかという点であろう。

　まったく初めての事例であり、今後の検討課題とせざるを得ないが、これだけの空間をていねいに封じていること、その後にはまったく使用していないこと、そして封じる際に「まつり」さえも行っていることなどから、この山里丸の主である豊臣秀吉の動向と結びついている可能性はかなり高いのではないだろうか。たとえば、秀吉が滞在中に山里丸を封じることは想定しにくいので、彼が名護屋を離れた時（文禄元年七月の大政所の死、文禄二年八月の秀頼の誕生）や彼自身の死去（慶長三年八月十八日）、あるいは名護屋城を破却したときなどをひとつの契機としたことが考えられよう。

2　上山里丸―茶室跡

秀吉が日常生活の場とした上山里丸については、その中核区域の解明が前述のようなさまざまな謎を抱えつつも、徐々に進められている。しかし、『肥前名護屋城図』にみられるような御殿などの大規模な建物はいまだ発見されていない。未調査区域は、現在の広沢寺一帯しか残っていないことから、状況としては、そのあたりに存在していた可能性は高い。つまり、曲輪の北側に集中していたと思われるのである。ところが、その西隣り（最奥部）に配置された小曲輪で発掘を実施したところ、まったく思いもかけない別の大発見をみることができている。御殿との配置関係なども、十分に想定される内容である。

いま、現地をみると、この小曲輪は上山里丸の中核区域に隣接しているものの、その間は高さ五～六《メートル》ほどもある巨大な土塁で大きく遮断されるとともに、北および西側も六《メートル》ほどの高い石垣で囲い込まれており、かなり厳重な構造である。さらに、明確な虎口もみられず、東側の中核部からわずかに切られた土塁の脇を通って出入りしていたようであり、区域の全体がかなり隠された閉鎖的な空間として設置されていることがわかる。つまり、曲輪本体（御殿側）からの利用だけを目的とした特殊な区域なのである。

また、この空間自体も東西約三〇メートル、南北約一七メートルの広さほどしかなく、かなり狭いうえに、山側（南側）からゆるやかに傾斜した地形で多く占められており、平坦な地面が少ないという特徴も、他の曲輪造成の在り方とは大きく異なる。さらに、遺構そのものとしても、おもに北側一帯に小穴の建物跡・飛石・玉石敷・井戸・溝・池などを確認できるだけであり、その他には山側の斜面に路地を発掘しているにすぎない。

なお、本区域で出土した遺物であるが、桃山時代のものとしては中国（景徳鎮）・朝鮮国産の陶磁器でほぼ占められているが、その他では唐津（岸岳系）・瀬戸・美濃産のものも若干みられる。また、上面の埋土中からは江戸時代の陶磁器も多く出土しているが、前代の様相とは一転しており、肥前系のものばかりである。

曲輪北側に集中する遺構

曲輪全体の地形は人工のものであり、山際を削り取ることで造り出しているが、その南半区域はゆるやかな傾斜地形を残しており、意図的に平坦地とはしていない。そこに遺構はまったくみられず、何も置かない空いた空間として計画していたようである。一方、北半区域では西側から東側まで地面を平坦にするとともに、垣根らしき小さな穴を連続させて、その帯状の長い空間をさらに三つの区画（東・中央・西）に大きく分けている。

その中央区画の一帯に小穴群を中心として、玉石敷・飛石・小穴列（垣根）・溝・井戸・暗渠（排水溝）などが集中して置かれていることから、

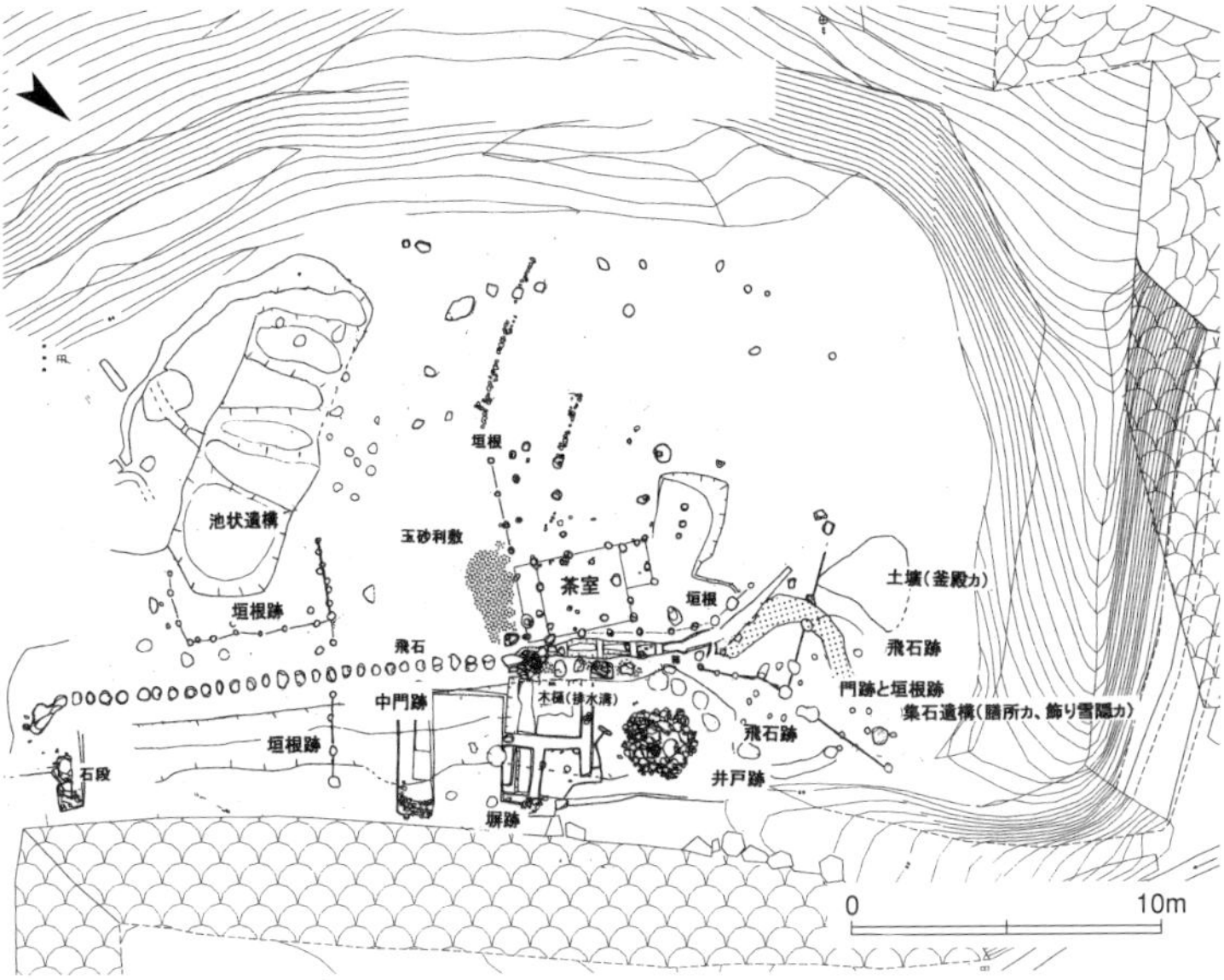

図42　草庵茶室の遺構配置

ここが曲輪の中核と考えられる。まず、ここへ渡る道筋をたどると、南東隅の土塁脇から狭い小道を抜けることに始まり、次に石段を下り、それにつづく飛石を伝って進んでいくように設定されていることがわかる。飛石はすべて自然石であり、廻り込むこともなく、ほぼ一直線状に一五メートルほども延びている。間隔もほぼ〇・五メートル前後とし、ゆったりとした歩みとして配されている。そして、その先に、東側を玉石敷で、北側を溝で区切られた狭い平坦面があり、ここだけに問題となる小穴群が点在しているのである。

小穴は五〇個程度みられ、そのほとんどが円形であるが、直径は〇・一五〜〇・四〇メートルと整っておらず、深さも〇・一〜〇・三メートルと、かなり小さく浅いものばかりである。しかし、前述の玉石敷と溝で区画されている点と飛石がこの遺構の展開している直前のところまで延びている状況を併せ考え、これらの穴は建物の柱穴ではないかと想定してみた。その検討の結果、配置のひとつに小区画（桁行二・七《メートル》×梁行二・三五《メートル》）とその東西におのおの付属する張り出し（西側〇・九〇《メートル》×一・三八《メートル》、東側〇・七五《メートル》×二・三五《メートル》）の構造をもつ建物を設定し得ている。つまり、かなり小規模ではあるが、一棟の建物がここに存立していたことを、ようやく確認することができたのである。周辺の諸遺構の状況からも推定すると、この建物はおそらく「茶室」であろう。

　さらに、この建物跡にともなうように、西および南方向へ各一条の小穴列が延びていることもわかった。これらは、南方向のものが建物跡南西端から、西方向のものが建物跡と東側の溝跡の間を溝に沿って、それぞれ並んでつづいていることから、垣根などの柵列状の遺構をひとつは想定できそうである。穴の直径は〇・一五〜〇・三《メートル》程度、深さは〇・一〜〇・三《メートル》で、やはり小さい。なお、これらの小穴の一部には、黄色砂質土が埋土として入り込んでいるものがみられたが、なぜなのかはわからない。

　溝にも同様の関連状況がうかがえる。始点の構造は不明であるが、高位置となる北側からゆるやかに下り、建物跡と垣根の東脇を南へとほぼ並行に走っている。その流れは飛石がいったん止まる地点（建物跡南東端）で東へと大きく折れて向きを変えるが、隅に置かれた石組の溜め桝に入り、さらにつづいて形状が異なる溝（断面が箱形）へと延びている。そして、最後には北側の石垣に設けられた排水口から流れ出ていく構造としており、その配置が建物を中心とした一連の水まわりであることは明らかである。溜め桝までの溝は素掘りであり、幅〇・四《メートル》、深さ〇・一五《メートル》と浅く、その断面はU字形をなす。一方、溜め桝から先であるが、やや大きく、幅〇・六メートル、深さ〇・五メートルを復元できるが、断面が箱型で、その埋土からは鉄釘も出土していることから、単なる溝ではなく、木製の暗渠となっていたのではないだろうか。また、溜め桝は〇・五×〇・五メートルの規模であり、薄い板石を用いてその壁を構築している。

　次に、玉石敷の遺構であるが、建物跡南側に東西約一・五メートル、南北約五・五メートルの範囲で拡がっている。しかし、その分布は北側に隣接する建物跡や垣根跡とははっきりと一線を画しており、境は明瞭である。高位置となる南側へも延々とはつづかず、建物の南側あたりでなくなる。石そのものもかなり小さめの玉石を選び出しているようであり、城内や他の大名陣跡に使用している玉石とは異なっている。大きさは直径一～二センチ程度で、偏平な丸石である。このようなことから、やはり、玉石敷にも建物と一体となった意図的な配置がうかがえる。

　井戸跡は、以上の建物跡・垣根跡・玉石敷とは溝跡を挟んで反対（北）側に一基確認することができる。そこへは、建物の前で分かれた飛石とその痕跡（据え置きの穴跡）がさらに延びていることから、井戸と建物とは通じており、たがいに関連した施設であったとみられる。その構造は、石を組み合わせた円形のものであり、直径は約一・三メートル。しかし、他の遺構と異なるのは、その内部に飛石やこの井戸に使用した石材がかなり投げ込まれており、後世に意識的に破壊されたことを強くうかがわせている点である。

茶室空間の外露地

　前述の中核となる遺構群の周辺をみると、その中央の区画を挟んで東西に区画されており、それぞれに特徴的な遺構の状況を確認することができる。

　まず、茶室へ進入していく前（外側）となる東の区画は、飛石を一〇メートルほど進んでいくと、小穴群が左右に並んでおり、これらで中央の区画と区切っている。それらは小穴でしかないことから、厳重な施設ではなく、垣根程度のものであろう。また、それらが飛石の両側で止まることから、ここに、やはり簡単な門を置いていたこともイメージできよう。

　さて、その空間の有り様であるが、左手（斜面）側の主体は、幅約三・五メートル、長さ約一〇メートルの東西に細長い「池」らしき遺構である。それは一面ではなく、斜面にそのまま掘り込まれているが、その途中に交互に土手を置くことで三段の大きくうねる流れを造り、最下段の広い窪みへと伝わせる構造で、かなり異例のものである。さらに、その池の南端最上部から東側にかけては幅約〇・五メートルの溝が廻り込んでいるが、それらも池へと注いでいる。ただし、現状では水はまったく湧いておらず、遺構の状況からは当時も自然に流れていたか疑問である。別のなんらかの人工施設が周辺に想定される。なお、この池の東（飛石）側には、垣根が「コ」字形に配置されている。

　一方の右手側をみると、飛石に並行して走る溝状の遺構だけが存在する。幅は一・六メートルと広いが、深さは〇・二メートルほどしかなく、ゆるやかに浅い。北側の井戸付近まで延びているようであるが、何のためのものかはわからない。

　このように、中心となる茶室空間の前は、池と溝だけのきわめて静かで落ち着いた景観を呈しており、他には何も置いていない。いわば、茶室構造でいわれる「外露地」の体をなす形で造られたのであろう。

茶室空間の奥向き

　飛石を伝って、茶室そして井戸を抜けていくと、奥に同じく垣根で囲まれた空間がひとつ配されている。ここへの出入りは二カ所あり、垣根の間に設けられた門が、ひとつは井戸側に、もうひとつは茶室側に開いている。それぞれの路地の造りはやや違っており、井戸へは土のままであるのに対し、茶室へは幅〇・七メートルほどの狭い玉石敷が溝に沿って延びている。

　その空間内部の有り様であるが、ここでもわずかの遺構しか確認することができない。ひとつは西側に置かれた土壙であり、東西約二・九メートル、南北約二・八メートルの不整形な浅い穴である。埋土からは瓦質の鍋の破片と炭が出土しており、なんらかの火の用をなすものであろうが、その詳細はわからない。もうひとつは、北側の集積遺構である。直径〇・五メートルのほぼ円形の穴に、大きさ一〇センチ前後の玉石を敷き詰めているだけであり、他には何もみられない。やはり用途のわからない遺構である。なお、この両脇には〇・一五メートルほどの小さな穴も配置されているが、その付属しているものであろう。

山裾をめぐる路地

　この小曲輪にかぎらず、山里丸の曲輪平坦部から南側は、山上部までの全域が斜面地形をなしている。これまでは、それを単なる自然地形と考えていたのであるが、三ノ丸の北端に置かれた櫓跡の周辺を踏査した際、その石垣下方になかば埋もれていた別の石積みを発見したことで状況は一変した。

　この一帯は、破却された石垣の石材や裏込石で覆い隠されていたのであるが、それらを除去していくと、石を積んだり、自然の岩盤を利用したりして造られた幅一〜二メートルほどの山あいの「路地」と、そこに置かれた飛石が次々と現れてきたのである。つづけて、東側へ発掘を進めていくと、路地は岩盤をそのまま路面としたり、ある所では石橋を置いたりしながら、三ノ丸の石垣裾を伝って

図43　発見された「路地」

はいるものの、まっすぐに東出丸へと抜けていくだけではなく、途中で飛石を用いて分かれていることも判明した。さらに、その分岐する路地の飛石を下っていくと、いったんはわずか二〇平方メートルほどの人工の平場へ入り、そこからふたたび石段、それに飛石を伝って山里丸の方へ延びて、降りていくようである。平場は北側の斜面を積み石で高めて平坦にしており、そこには梁行二メートル×桁行三・三メートルの小さな掘立柱建物を置いているだけである。このような全体の状況からみて、建物は「四阿」のような休憩あるいは展望の施設だったのであろう。この場所に立てば、城下の町や玄界灘もはっきりと臨むことができる。

　では、逆の西側はどう構成されているかというと、連続するものかどうかは不明であるが、二カ所でその様子を確認できている。ひとつは、前述の茶室空間が置かれた小曲輪から南側の斜面へ登っていく路地である。これは、傾斜が急なために、斜面を幅一・三メートル、最大深さ〇・八メートルほど掘り下げた後、そこに自然石を用いた石段を設けて進み、つづいて飛石で西へほぼ直角に折れていく道筋としているものである。もうひとつは、それよりも南東側の斜面区域で発見している。石はまったく使っておらず五メートルほどの幅で傾斜面を削って造成し、わずかに平坦とした箇所に連続する穴が二列で並んでいる。両遺構の間隔が一定ではないことから、たがいに関連しているのか不明だが、なんらかの路地のものではないだろうか。

以上のような遺構の状況をみると、名護屋城においては、山里丸の曲輪構成を御殿区域および茶室区域という人工の平坦部に留まるものではなく、自然の景観をもつ斜面全域までも含めた縄張りとして、今後も再検討していく必要があろう。さらに、この時期、同様に山里丸を配置していたとされる大坂城・姫路城での様相が判然としない現状において、「山里丸」とはどのような曲輪だったのか、どのような曲輪として機能していたのかなど、城郭での初現的な在り方を探るうえでも貴重な事例であろう。まだ、解明されていない課題は、この区域に多く残っているようである。

他史料との比較・検討

最後に、山里丸の調査状況について、とくに茶室空間を対象として、少ないが他の史料と比較・検討してみると、この名護屋城（山里丸）の様子を伝える『肥前名護屋城図』と博多の商人神屋宗湛が残した日記（「宗湛日記」）に一致する点がきわめて多く、その発掘成果の信憑性を大いに裏づけていることがうかがえる。

まず、前者の『肥前名護屋城図』は、桃山文化を代表する狩野派の手によるものとして知られる描写絵図であるが、檜皮葺きの御殿が建ち並ぶ山里丸の奥側、つまり、今回の発見場所と同じ区域には、まさしく木立ちのなかに茅（かや）葺きの小さな建物や垣根などが描かれていることがわかる。彼ら、絵師衆にも「茶室がここに建てられている」という意識が、明確にあったことを示しているのである。

また、後者の「宗湛日記」をみると、この山里丸での茶室開き（天正二十年十一月十七日）に豊臣秀吉から招かれた際、彼が臨席した茶室の構造・様子なりを「山里ノ御座敷ヒラキ」などと、

図44　茶室の想像復元図

かなり具体的に記しており、その記述と山里丸の発掘状況とをくらべてみると、最奥の小曲輪で発見された建物本体が「四畳半の茶室」で、西側に付属する構造が「床」「道籠《どうこ》」で、対する東側正面が「縁」としてそれぞれ対比することができる。さらに、柱穴が小さいのは「柱モ其ノ外ミナ竹ナリ」であったこと、石組みの溜め桝部分には「手水石、縁よりつかい候ように」置かれていたこと、出入りはにじり口ではなく二枚の障子であったことなど、ここで発見した主要な遺構群と日記史料とが比較検討され得る状況をかなり示していることもうかがえる。その情景とこの調査成果とがほぼ一致しているのである。

なお、窓の障子には「ゆふさればたぞやすずろにこととふは　まどのあたりの山おろしの風」と、秀吉自筆の詠歌が書き記されていたという。

そこで、以上のような遺構・絵図・日記の各史料を参考として、地形あるいは茶室空間全体の状況を立体的に復元してみると、目の前に浮かんでくるのは、まさに「山里」の風景のなかにひっそりと佇む茶室である。当代第一の茶人である千利休が追い求めてきた「侘び」「寂び」の世界そのものとして、いわゆる利休好みの「草庵」茶室として見なすことができるのではないだろうか。

千利休は、この文禄の役開始直前の一五九一（天正十九）年に豊臣秀吉から切腹を命ぜられてはいるが、彼の茶道における精神は、なおもこの名護屋城の茶室建築に伝え残されていたともいえる。ここには、豊臣秀吉の茶室跡として、また、草庵茶室跡の遺構として初の発見例であるばかりでなく、千利休が死して後も、豊臣秀吉は茶道の師としては彼を敬っていたことをも推察させており、歴史的にも感慨深いものをうかがえよう。

3 鯱鉾池

秀吉の居住空間である山里丸の北側には、名護屋城で唯一の水堀である通称「鯱鉾池」が配置されている。この堀は、『肥前名護屋城図』にもみられるように、これを境として秀吉の城域と城下の武家屋敷・町屋とが完全に区画されていることから、これまでは近世の城郭と同様のいわゆる「城濠」としての防御的な役割をもつ施設ではないかと考えられていたものである。

しかし、その配置をみると、東側は下山里丸の東端で閉じられており、西側は堀に突き出した台所丸で分岐しているものの、また、すぐに上山里丸の西端付近で閉じられているなど、この堀は山里丸の区域だけに限定された形で配置されたことは明らかであり、はたして、そのような軍事的機能を有しているのか否かがひとつの課題でもあった。そこで、実際に堀を対象として発掘調査などを実施してみると、そのような推定さえもまったく覆すほどの数々の事実・疑問が明らかとなってきている。

堀は城濠か？

ひとつは、堀の全体構造に関することである。現状で確認してみると、北側の護岸と台所丸周辺の石垣については当初の堀の形状をほぼ保っているようであるが、城（山里丸）側は（旧）国道二〇二号線設置によって埋められてしまっており、ほとんどわかっていなかった。しかし、山里口の発掘調査に際して、その一部がなんとか発見されたことから、堀幅はやや広かったようであり、規模としては東西の延長三〜四〇〇メートル、南北幅一五〜六〇メートルを採っていることが判明した。また、堀の深さについても不明であったので、各箇所でボーリング調査を実施したが、そのデータからはまったく意外な結果が提示されている。

　ひとつは、堀底の推定値からみてみると、底面は一様に水平ではなく、西側が高く、東側へ深くなっていくことであり、もうひとつは、その底面の深さ（標高値）を比較すると、西側で約三五メートルであるのに対し、東側は約三〇メートルと相当に下がっているだけでなく、その護岸石垣の上面でさえ三八メートルほどしかないという状況が判明したのであった。つまり、このままで水が満ちていくとしたなら、西側に水がまったくないときに、東側ではオーバーフローしてしまうことさえおこりうるのである。しかし、このような構造は通常ではありえないことであり、堀の途中を塞き止めるなど、なんらかの貯水機能をもつ施設がどこかに配置されていた可能性を、逆にうかがわせている。いったい、どうなっているのであろうか。疑問である。

堀に島を構築

　さらに、その調査の過程で思いもかけない遺構を発見している。何と、堀底に「出島」が現れたのである。場所は山里丸の北虎口の直下であり、その岸辺から堀の中央へ向けて、迫り出すように延びた人工の陸地形を確認している。

　まず、全体の地盤であるが、東半が自然の岩盤の削り出しであるのに対し、西半を多量の石材による造成としており、やや異なっている。次に、

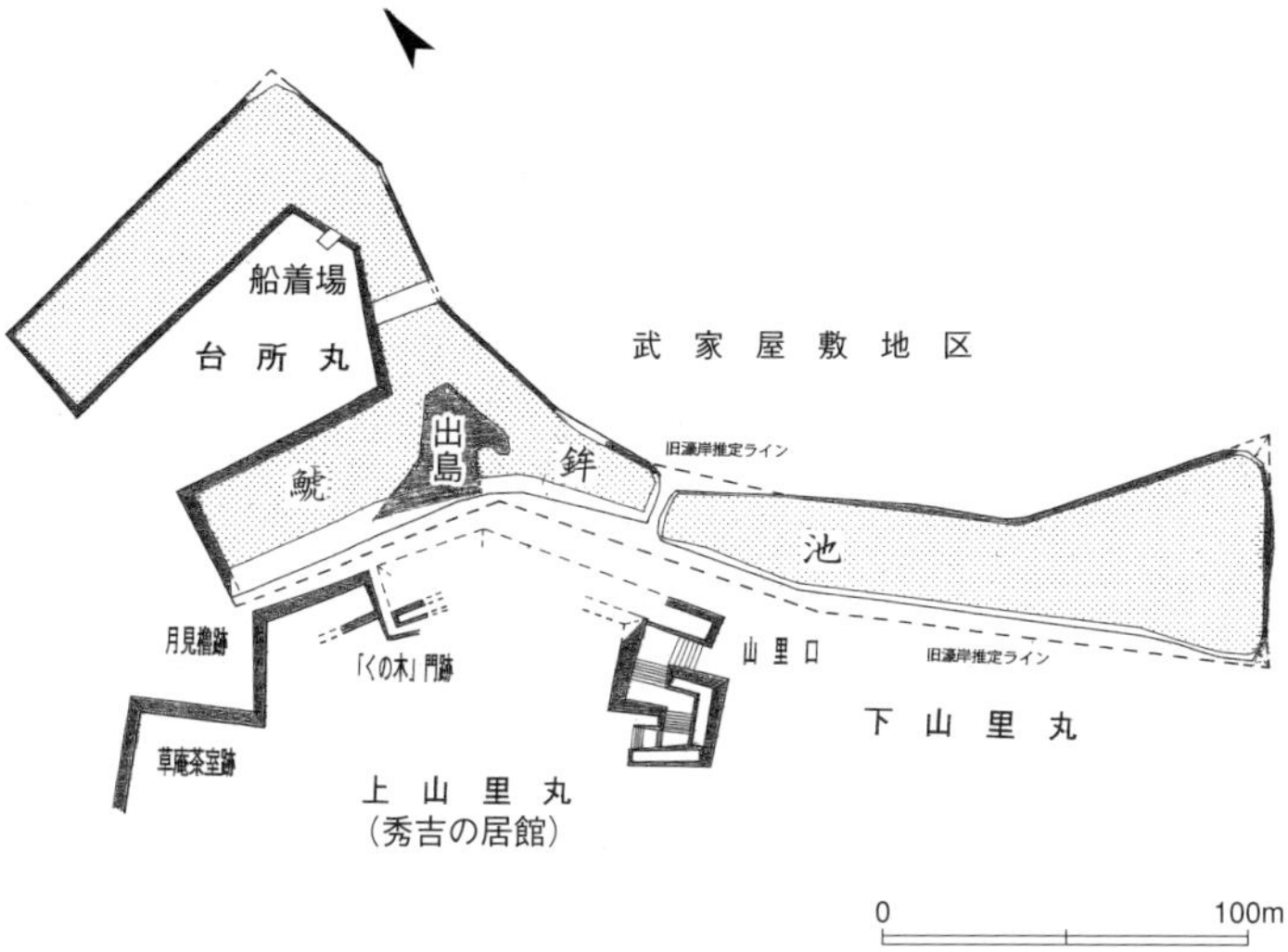

図45　鯱鉾池と出島の配置

規模であるが、南側の護岸部が東西約二五メートルで、先端までの延長も南北約二五メートルであり、一帯の水面域に対しては相当の広さを占めていることがわかる。そして、その東側の一部を除いて、周囲を石組みによる護岸としているが、それらの配置だけをみると、北側先端が約七メートルと狭く、東側が八メートルほど突出するなど、かなり不整形な造りをなしているようである。また、その内部であるが、建物の存在を示すような柱穴群と礎石、それに集石遺構や玉石敷きなどを発見している。残念ながら整然とした配置状況を確認できず、建物の規模・構造などは不明であるが、柱穴群は西半区域に、礎石は南半区域に集中してみられ、なんらかの通有ではない施設が堀底に置かれていたことは確かである。

　ところで、前述の疑問にかかわることであるが、出島の先端から調査区域を北へ広げてみると、やや低くはなっているもののそのままの高まりとして土塁状につづいており、その左右が溝状に深くなっていることを確認できている。どうやら、堀自体が分岐するこの出島の箇所で、北側の水面をさらに分水する構造となっていたことがうかがえるのである。つまり、出島は建物の配置とともに、ここで水面の調整を行う機能も併せもっていたことが推定されてきている。あるいは、このどこかに堰などがあったのかもしれない。とすると、出島の東面石垣が堀の東側護岸と、また、北面石垣が台所丸の南面部とそれぞれ並行するような配置となっているのも、ようやく理解できてくる。

参考までに、史料を再確認してみると、『肥前名護屋城図』の山里丸北虎口前には堀底へ降りていく石段がみられ、また、浅野文庫に伝わる「諸国古城之図」にはこの鯱鉾池にふたつの島が描かれているなど、この出島が存在していたことをはっきりと伝えている。さらに、後述の台所丸の項で詳細に示すが、この台所丸東端にも堀へ降りていく通路を発見しており、あるいは、「船着き場」ではないかとも想定されている。

このように、鯱鉾池に関するさまざまな状況を検討してみると、やはり、城濠としての防御的な機能はまったく見受けられない。その「出島」や「船着き場」が複合した配置からは、秀吉の居住空間である山里丸の一区域として、つまり、遊興の場としての役割を大いにはたしていたのではないだろうか。そして、対岸からは家臣あるいは町人たちがその様子を目のあたりにしていたのかもしれない。天下人としては、何とも不用心なことと思われるのであるが、それも大衆を意識した太閤秀吉なればこその所業といえるのであろうか。

4　台所丸跡

鯱鉾池の西端に位置し、堀に突き出た形の曲輪である。名護屋城内に構築された他の曲輪とは完全に離れており、その単独の配置からは明らかに鯱鉾池を意識して設けられた空間といえよう。ただ、その平面プランだけをみると、曲輪自体が東側をやや広く採るとともにその先端を「く」字形に角張らせており、なぜにわざわざ不整形な構造を採用しているのだろうかと思われていた。

　ところが、その南東方向に「出島」が発見されたことで、状況は一変した。前述の「池」の項で示したように、台所丸の東堀に出島の先端が延び、ここで堀を東西に分水する構造を採っていたことが新たに判明しているが、台所丸と出島の不整形は、その東西二条の分水路を通す構造と強くかかわっていたのではないだろうか。つまり、台所丸東面とその対岸となる堀端、そして、その間に南から延びる出島とのたがいの形状は、分水路としての構成を主に意識したものと推定される。

　では、東西約八〇《メートル》、南北三五～五〇《メートル》の広さをもつ曲輪内部の方は、どのような空間として設定されていたのであろうか。発掘調査では、南側と東側の区域を中心にいくつかの遺構を発見している。まず、南区域であるが、南面石垣と並行して整然と走る石列と礎石の列、そして、その外側に敷かれた玉石群を確認している。礎石は、石垣から約三《メートル》離れて配置されており、現状では東西方向に計五個が並んでいるが、玉石敷きなどの一帯の状況から、建物はさらに東西に延びているものと推定される。また、東区域であるが、鯱鉾池に降りていく石段を確認している。南から進み、東へ折れて、池に臨む配置をなし、規模は南側が幅約三メートルで六段、東が幅四・五メートルで六段をそれぞれ採っている。現状では、水面よりも約一メートル高いところまでで石段は終わっており、このことから、船着き場ではないかと推定している。

もちろん、台所丸は城域であり、誰もがこの曲輪に自由に入って船着き場へ行き、さらにそこから船に乗って鯱鉾池を遊び廻るなど、とてもできないことである。とすると、出島の配置もそうであるが、この船着き場の遺構の発見から、台所丸自体も秀吉の遊興施設のひとつであったことが理解できそうである。やはり、鯱鉾池は軍事的な「城濠」の役割に乏しい。

なお、『肥前名護屋城図』の台所丸には、茅葺きか藁葺き、そして、柿葺きの建物が配されており、そのまわりには庭木もみられるなど、風情ある曲輪として描かれている。ところが、発掘調査の結果とひとつだけ異なる描写がある。それは、発見した船着き場の箇所であり、図にはその様子はまったくなく、堀へ迫り出す懸け造りの朱塗りの台だけが描かれているのである。またも、秀吉好みに改造したのであろうか。

Ⅳ　名護屋城下のありよう

1　名護屋城下の町

『肥前名護屋城図』をみると、一方では山々に空く場所がないほどに大名の陣屋が置かれているのに対し、城下の平地（とくに、鯱鉾池の北側一帯）にはおびただしい数の町屋が建ち並んで描かれており、当時の名護屋一帯の土地利用の在り方が明確に示されている。

そのことは、常陸国水戸城主の佐竹義宣に従い、この名護屋へ参陣した家臣の平塚滝俊が国元に送った手紙にも「岸へハ皆諸国の大名衆御陣取にて候間、野も山もあ（空）く所なく候　たに（谷）々ハ皆町にて候、東北南ハ、いまた見不申候、中々五日十日ニハなりかたく存候由申候」と書き留めていることからも、十分にうかがうことができる。さらに、滝俊は名護屋城下の大通りに面して商人たちのさまざまな店が軒を連ね、米穀・馬具などのぞみの物資は何でも求められるほどに商いが行われていたことも記している。ここに集った将兵達は十数万にも及んでおり、そのほとんどに国元のような生産拠点もない状況のなかでは、彼らを相手とした商いはこのようにさぞかしにぎわったことであろう。否、『肥前名護屋城図』には彼ら武士だけではなく、遊ぶ子供たちや虚無僧・南蛮人なども描かれており、多くのさまざまな人びとが行き交う町中の日常をも伝えている。

さて、その城下の町跡であるが、対象となる地域一帯を歩いてみると、その後の大規模な開発あるいは土地の改変が行われなかったこともあり、秀吉が造った四〇〇年前の風情を何とか想い偲ぶことができる。とくに、面影を留めているのは町中の道筋であり、『肥前名護屋城図』と比較・検討してみても、驚くほどにそのほとんどをたどって現地に立つことさえ可能な状況にある。そこで、この城下の道沿いを対象として、確認のための発掘調査を数カ所ではあるが実施している。しかし残念ながら、現状では町屋の建物跡そのものは発見できていない。ただ、それに関連すると思われるトイレ跡や土壙などの遺構と遺物は、わずかながら出土している。現在、当時の町屋であった場所にはそのまま家屋が立地しているようであり、今後も検討課題のひとつとなる状況である。

2　城下の武家屋敷

城廻りには、商人・町人たちの町屋だけではなく、武士の屋敷も置かれていたようである。単なる武士ということではなく、豊臣秀吉自身の直臣の武士団（旗本衆）などが、名護屋城内だけではなく、城の堀（鯱鉾池）そばにも重点的に配置されていたことが、さまざまな史料や絵図からわかっている。その数も半端ではなく、史料からみると、最大で一万四六五〇人にも及んでいる。

さらに、彼らが占有していた区域そのものについても、ひとつの特異な状況が見受けられる。それは、彼らの屋敷地が堀際（通常では、城の外側）を北から東側にぐるりと囲み込むように設定されていることであり、まさに、城下の北側に広く展開している町屋群と名護屋城との間を、この堀に付随する一帯で分断することを目的として置かれていることが理解できるのである。とすると、この配備は「秀吉の居住空間である山里丸と彼の遊興の場として付随する堀（鯱鉾池）一帯が町屋群に対してオープンすぎる」「秀吉の日常の生活・行動が町人たちに丸見えではないか」などの疑問に答えるものであり、逆に、その旗本衆の特異な配置は豊臣秀吉が意図した山里丸という曲輪の在り方と、そのことに対応した要人警護がいかに重視されていたかを示しているとも考えられる。

以上のことから、町屋との境がややあいまいではあるものの、この武家屋敷の区域までをひとつの「城域」ともとらえられなくもないであろう。とすると、後の近世城郭と城下町の相互の在り様にもかかわってくる問題に、ひとつの提起となる例かもしれない。

その「鉄炮衆」あるいは「弓衆」の屋敷地と推定される堀東側の区域において、発掘調査が実施されている。名護屋城大手口より約二〇〇
メートル《メートル》東方の地点であり、遺跡名としては「平野町遺跡」と称されている。その発掘状況をみると、関連する建物跡は発見できていないものの、計二五もの多数の土壙を確認している。それら個々の形態だけからは、それぞれの遺構の明確な性格の判断が困難であるが、いくつかの土壙から遺物が出土しており、そのことからある程度の用途を推定することができる。それは二例であり、いずれも武家屋敷の実態について、興味深い内容を示している。

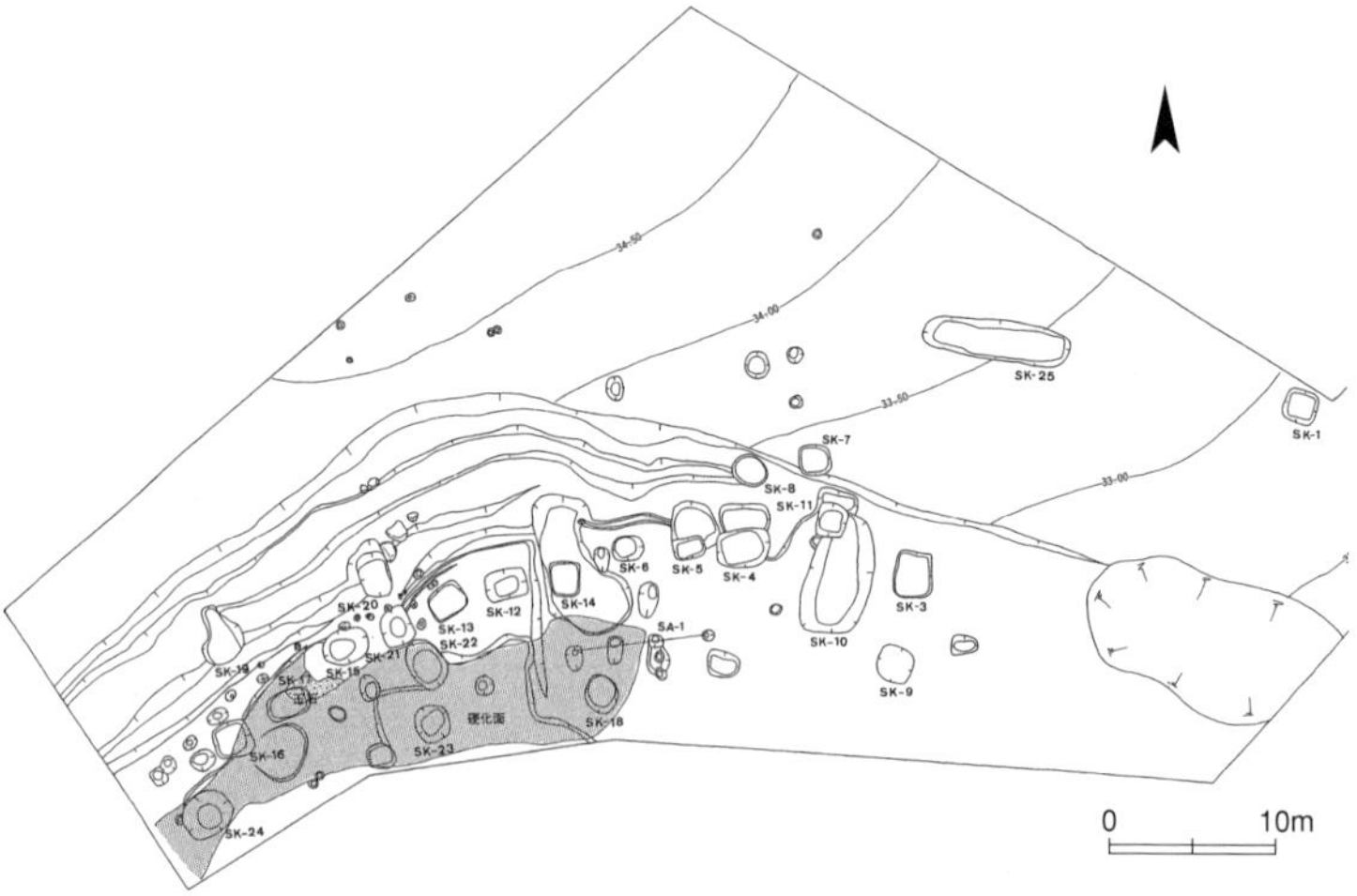

図46　平野町遺跡の遺構配置

その一例はトイレと思われ、二基が確認されている。平面は隅丸長方形（ＳＫ―２０土坑、〇・九×一・三五メートル）のものと隅丸方形（ＳＫ―２３土坑、一・〇五×一・〇五メートル）であり、穴としては大きくない。しかし、それぞれの深さが二・一メートルもあり、さらに、それらの埋土中からは籌木・篦や下駄などとともに、寄生虫卵（回虫卵・鞭虫卵・肝吸虫卵・異形吸虫卵）・イネ科・アブラナ科・アカザ科―ヒユ科・ソバ属の花粉、そして、ウリ類・ヒョウタン類・ナス・ヒエ・イネの種実などが検出されている。

　その分析の結果によって、当時の人びとがコメ・ヒエ・ソバの穀類やアブラナ科の野菜類を多く食べるとともに、コイ科やアユなどの淡水魚と沿岸魚も好んで捕っていたことなどがわかっただけでなく、約四〇〇年前のこの地域における生活・自然そして動植物に関する環境や食料の流通などを検討するうえでたいへんに興味深いデータも得ることができたのである。

もう一例は、鋳造にかかわる土坑と思われるもので、ＳＫ―１・２・１８の三基が確認されている。遺構の状況としては、埋土に炭化物や被熱の様子を示すものはみられなかったのであるが、いずれの土坑からも銅が付着した土製の坩堝が出土しており、また、周辺からはフイゴの羽口も発見されていることから、鋳造に関連するなんらかの施設と推定されている。あるいは、この一帯にいたと思われる「鉄炮衆」「弓衆」との関連も考えられるかもしれない。

また、もうひとつの大きな問題は、この遺跡から発見された陶磁器・土器類の出土傾向にある。種別としては、瀬戸・美濃系の天目茶碗・灰釉皿をはじめ、備前あるいは周防型の擂鉢、畿内系の土師質火鉢や土師皿などの国産品と、朝鮮国産の白磁・陶器の皿、中国産の（染め付け）青花皿・碗などであるが、その出土数をみると、天目茶碗が五〇個体以上と灰釉皿も三〇点ほど確認されており、この瀬戸・美濃焼の製品が圧倒的に多いという特徴を示している。ところが、それらを型式編年に当てはめてみると、遺跡の該当する十六世紀末の第４四半期ではなく、一時期古い第３四半期（大窯第3段階後半）となってしまうといわれている。つまり、端的には豊臣秀吉ではなく、織田信長の頃に造られたものということであろうか。数からみると、瀬戸・美濃焼の製品はまとまってもち込まれた可能性も高いが、なぜに「旧」製品だったのか、ひとつの謎である。

3　全国諸大名の陣跡

大名陣跡の課題

現在、陣屋の遺跡は約一三〇カ所で確認されており、たがいの位置関係と『名護屋古城之図』などに記されている大名の配置状況、地域に残る伝承、そして地名などとの比較・検討にもとづいて、それぞれの大名陣跡の所在が示されている。

しかし、この比定に関してはいくつかの課題もある。そのひとつとして、かならず例示されるのが、佐竹義宣の家臣平塚滝俊が国元に送った書状（文禄元年五月）である。そこには、佐竹陣の後（北）に石田三成陣が、前（南）には大谷吉継・上杉景勝・増田長盛・里見義康・宇都宮国綱の陣がつづいていることが伝えられている。しかし、古図などでは、石田陣は名護屋湾奥のさらに南方に、大谷陣も名護屋城の南東方向にそれぞれ位置するなど、両史料が示す配置はまったく異なっているのである。

この相違点については、「平塚滝俊が記した文禄元年と古図を描いた時分が違っていたのではないか」「文禄の役と慶長の役で、配置換えを行っていたのではないか」などと想定されている。現在、その古図類は三〇点ほど確認されているが、湾などの海岸線や島の地形の構図、それに書き込まれた諸将の位置はほとんど同じであり、残念ながら、平塚書状の内容と適応する事例はそれらのなかにはみられない。ところが、近年新たに確認された『肥前名護屋城図』（群馬本）には、この平塚書状とほぼ対応する場所（波戸地区）に何と「石田治部少輔」の貼札があり、大変な波紋を投げかけている。また、古図には「陣所不知分」とされる諸将が五一人も書き込まれており、そこに

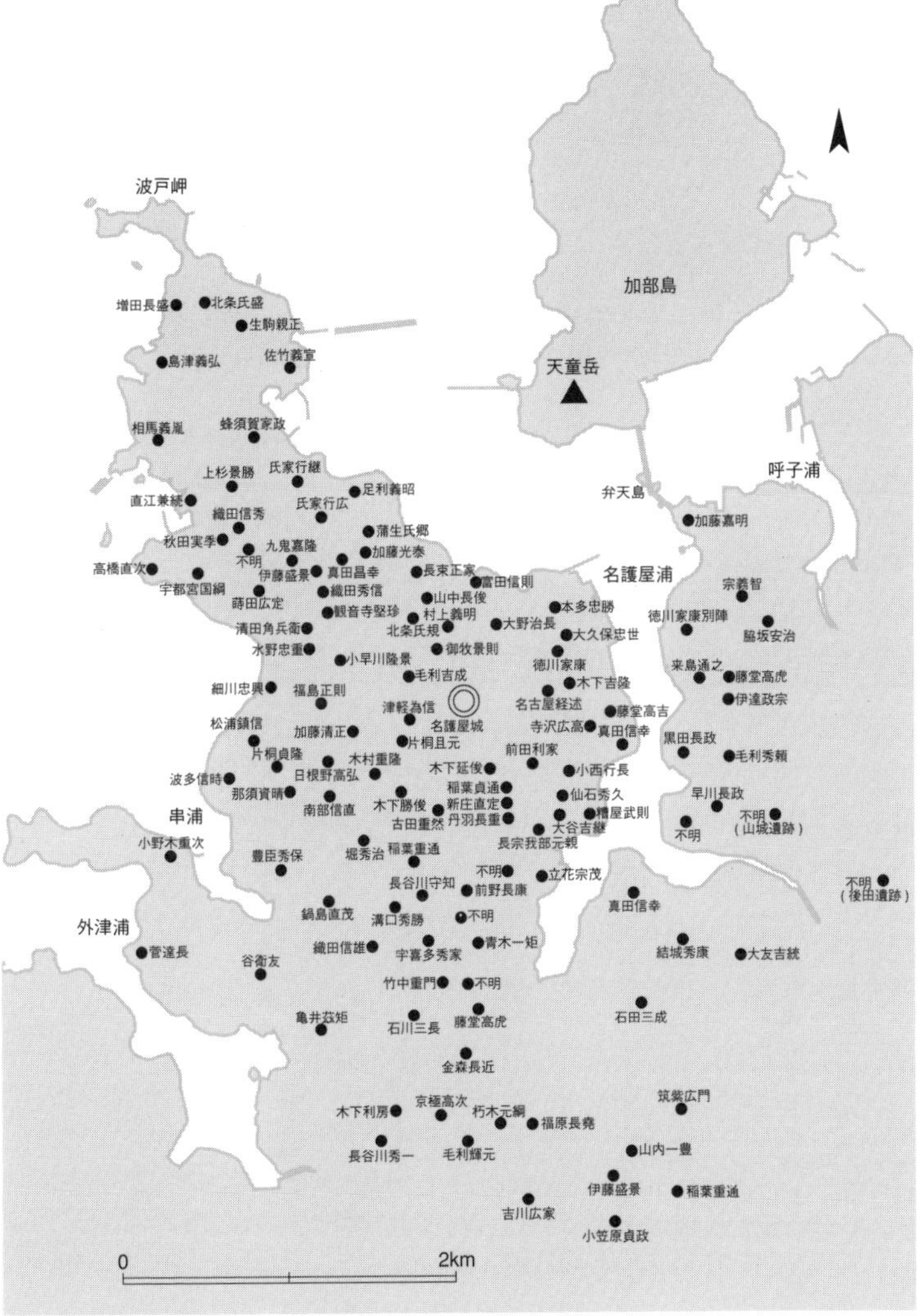

波戸岬
加部島
天童岳
増田長盛
北条氏盛
生駒親正
島津義弘
佐竹義宣
相馬義胤
蜂須賀家政
上杉景勝
氏家行継
足利義昭
直江兼続
織田信秀
氏家行広
秋田実季
蒲生氏郷
九鬼嘉隆
加藤光泰
不明
高橋直次
伊藤盛景
真田昌幸
長束正家
富田信則
宇都宮国綱
織田秀信
蒔田広定
山中長俊
観音寺堅珍
村上義明
本多忠勝
清田角兵衛
北条氏規
大野治長
大久保忠世
水野忠重
小早川隆景
御牧景則
徳川家康
毛利吉成
木下吉隆
細川忠興
福島正則
名古屋経述
津軽為信
名護屋城
藤堂高吉
松浦鎮信
加藤清正
寺沢広高
真田信幸
片桐且元
前田利家
片桐貞隆
木村重隆
木下延俊
小西行長
波多信時
日根野高弘
稲葉貞通
仙石秀久
那須資晴
南部信直
木下勝俊
新庄直定
槽屋武則
古田重然
丹羽長重
大谷吉継
長宗我部元親
串浦
小野木重次
堀秀治
稲葉重通
豊臣秀保
不明
立花宗茂
長谷川守知
前野長康
鍋島直茂
溝口秀勝
不明
外津浦
織田信雄
青木一矩
管達長
宇喜多秀家
谷衛友
竹中重門
不明
亀井茲矩
石川三長
藤堂高虎
金森長近
木下利房
京極高次
朽木元綱
福原長堯
長谷川秀一
毛利輝元
名護屋浦
弁天島
呼子浦
加藤嘉明
宗義智
徳川家康別陣
脇坂安治
来島通之
藤堂高虎
伊達政宗
黒田長政
毛利秀頼
早川長政
不明
不明
(山城遺跡)
不明
(後田遺跡)
真田信幸
結城秀康
大友吉統
石田三成
筑紫広門
山内一豊
伊藤盛景
稲葉重通
吉川広家
小笠原貞政
0
2km

図47　大名陣跡の位置

図48　『肥前名護屋城図』（群馬本）　矢印部に「石田治部少輔」とみえる

は有馬晴信・大村喜前・五島純玄・相良長毎・高橋元種・秋月種長などの九州大名や、宮部長熙・南条元清・垣谷新五郎・服部一忠・別所吉治などの渡海した大名がなぜか多くみられる。

さまざまな陣屋

さて、陣屋というと、一般的には臨戦状況のなかで設けられる大名の軍事的拠点であり、配下の兵達も駐屯する、いわば仮の施設と考えられている。しかし、ここ名護屋では、渡海のための臨時の拠点とはいうものの、前田利家や豊臣秀保のような最大級の陣跡になると、一〇万平方メートルを超えるほどの本格的な城郭クラスの広さを誇るものまであり、その規模や内部構造などにもかなり異なる点が多くみられる。

たとえば、陣屋構築に際し、全体を総石垣とする例（上杉景勝・島津義弘・佐竹義宣などの陣跡）も多数あるが、一方では、石垣を積極的には用いない「土居造り」主体の陣（南部信直・伊達政宗・黒田長政などの陣跡）もみられ、その敷地の普請にもおのおのの大名の多様な計画がうかがえる。また、各陣の平面構造（縄張り）をみても、敷地の周囲を土塁や石塁で囲むだけではなく、さらに空堀で区画し、軍事目的の施設としての性格が色濃く表れているもの（徳川家康別陣・松浦鎮信・氏家行広など）や、陣の内部を堀切や土塁・石塁で仕切り、複数の曲輪群に分割することで複雑な全体構造を形造っている例（堀秀治・鍋島直茂・波多親など）などもある。門（虎口）ひとつにしても、城郭に用いる「枡形」などの堅固な構えで出入口を構築している陣屋もみられ、たとえば、前田利家陣跡では高さ四《メートル》前後の石垣で築いた本格的な「虎口」の空間を備えているほどである。

　また、陣跡の内部からは、当時の武将の滞在生活を物語るさまざまな遺構も発見されている。堀秀治陣跡の例では、御殿（約一〇〇坪）と広間（約三〇坪）などからなる主要な殿舎群の礎石がほぼ完全な形でみつかっているが、そこには能舞台や茶室も置き、さらに、能舞台の背後には自然石を配した庭園としての空間を設けていたことが確認されている。また、豊臣秀保陣跡の主郭でも、庭園に面して書院や茶室などに相当する五棟の礎石建物群が発見されるなど、仮設の滞在所というイメージとはかなり掛け離れた、優雅な施設の存在が次々と明らかになってきている。

　こうした大名「邸宅」としての性格を示す一方で、簡易な兵舎が建ち並ぶ姿を想像させる陣もみられる。徳川家康別陣跡の例では、二間×一〇間の大きな長屋跡が二棟並んで確認されており、氏家行広陣跡でも、出入りの門（木戸）を備え、空堀に囲まれた区域のなかに、二〇数棟の掘立柱建物跡や便所跡などの多数の土壙が密集していることが判明している。ここでは、いずれも「陣」本来の機能である、戦時下の兵站基地としての性格を示しているようである。

さらに、陣屋ごとの施設の様子を細かく比較すると、微妙な相違点があることに気づく。たとえば、陣屋内部の通路跡ひとつをみても、堀秀治陣跡では敷石（延石）通路や飛石、徳川家康別陣跡では玉砂利敷、古田織部陣跡では玉砂利敷のなかに自然石の踏み石を配した露地風の通路といったように、各大名の千差万別の「好み」の差とも取れるような、バラエティーに富んだ遺構の内容を示すのも、この広大な遺跡群の特徴のひとつである。

次章では、発掘調査によって明らかになった陣屋の具体例を個別にみていく。

V　大名ごとにみる陣屋の諸相

1　前田利家陣跡

加賀国金沢城主である前田利家は、豊臣秀吉とはたがいに織田信長の家臣であったころからの間柄であり、彼の信頼が厚かった人物として知られている。実際、彼の陣屋がこの名護屋城の大手口の正面前方で、五〇〇㍍《メートル》ほどの至近の場所に置かれていることも、そうした親密な関係を物語っているのであろう。この名護屋へは、八千の兵を率いて参陣している。

陣屋は、独立した小高い丘陵（標高七九㍍《メートル》）の全体を占めており、その広さは一〇㌶《ヘクタール》にも及んでいる。豊臣秀保・堀秀治陣跡などと並ぶ大規模な陣跡であるが、この前田陣跡の大きな特徴は、曲輪が山上部と山裾部に完全に分かれて構築されており、それぞれが異なった状況・構造をもっていることである。とくに、整然とした石垣によって構築された山裾部の虎口は、他の陣跡にはみられないものである。さらに、博多の商人神屋宗湛が記した『茶湯日記』にも、「太閤様　羽柴筑前殿（前田利家）ニ数奇屋ニ、始テ御成ノ時、山ヲ切ヌリ（キ）テ、路地ニシテ、被懸御目候也　其時御座敷ニテ、アソバシケルト也、深山ノ躰ナト御ランジラレテ、手水ノ所ニテアソバシテ、御座敷ニテナリ」とあることから、山を伐り開いて造成したこの区域が、前田陣屋の中心的空間と考えられている。

　また、一五九三（文禄二）年五月に明国の講和使節が名護屋を訪れているが、その際、この前田利家の陣屋でも彼らを接待している。当然、その場所は麓の居館区域であったと思われ、ここに相当の格式をもった館が構成されていたことも想定される。発掘は、この居館区域を対象として実施しており、やはり、興味深いさまざまな知見が得られている。

　まず、特徴的な箇所である大手の設定は、両脇がすべて石垣であるとともに、通路部分も両側に側溝をもつ石段と玉石敷きの構築であり、城の虎口にも相当するほどの構えを採っている。北側下段から五段の石段を上がっていくと、左へ折れるが、その直前で幅約六《メートル》、奥行き二《メートル》の広場となっており、その東側に石段のものではない二個の石材が一・二《メートル》ほど離れて置かれている。礎石であり、ここに門が配置されていたものと推定されるが、その位置が片寄っていることから、これらは脇門のものであろう。それを抜けると、左へ七段以上の石段がつづいており、さらに、右へ折れて曲輪内部へいたる経路となっている。

　さて、その曲輪内部であるが、丘陵の南側斜面区域を削り込むとともに、北側を盛土することで造成しており、その規模を東西約七五《メートル》、南北五〇《メートル》としている。ただし、整然とした平坦な区画ではなく、中央最奥部には池を、また、南東部奥には斜面を段状に削った小規模な曲輪群を、それぞれ配置することで全体を構成している。そし

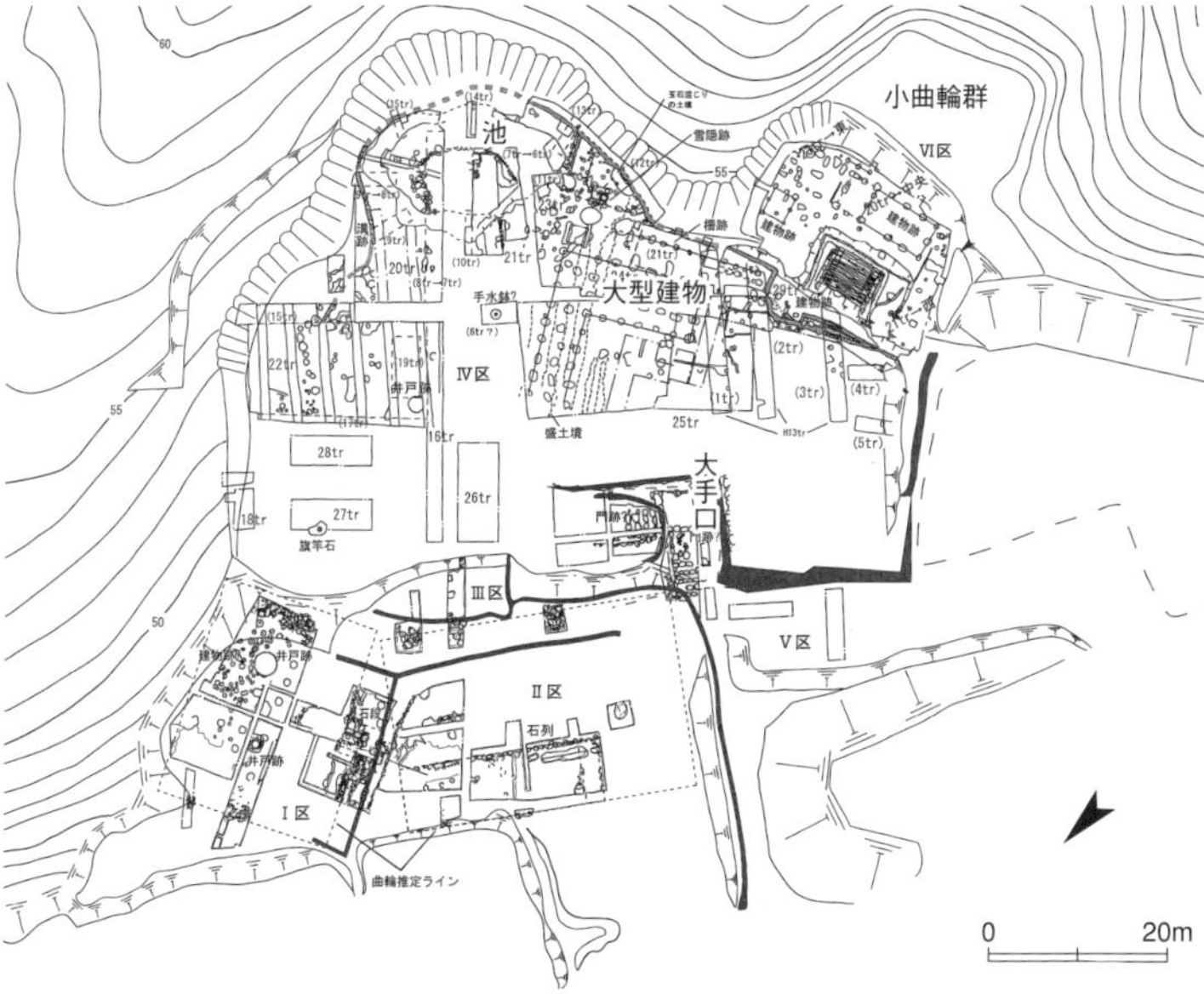

図49　前田利家陣の遺構配置

て、その池を境として、東西の空間構成を明瞭に違えており、西半部はほぼ平坦な造成としているのに対し、東半部は平坦ではなく、奥の山側へやや傾斜させていき、起伏のある地形として造り出しているのである。

さらに、遺構の状況もそのことを映しているようであり、池の右手前（西側）の平坦地には大規模な建物が配置されているが、東側の一帯には井戸跡と旗竿石（手水鉢）多数の窪みあるいは浅い穴が分布していることだけがわかっているにすぎない。現状では、その掘立柱の建物跡は、主屋となる東西棟とそれに付属する南北棟からなる鉤形の配置構造であり、東西棟は梁行三間（六メートル）×桁行八間（一六メートル）、また、南北棟は梁行二間（四メートル）×桁行四間（八メートル）であり、かなりの広さを占めてはいるが、瓦はまったくみられないことから、桧皮葺きあるいは柿葺きの重厚なものだったのかもしれない。この曲輪内部で、これほどの規模と格式をもつ大型建物はみられないことから、利家自身の御殿であった可能性が高い。また、その南側には、四尺三、四寸程の間隔で小さな柱穴が一列に並んでいる。先の大型建物跡とも並行して、西側へ一四メートル以上もつづいていることから、それにともなう塀と推定される。

一方の東側区域であるが、確認された井戸跡と旗竿石（手水鉢）の周囲には、それと関連するような遺構も発見できていないことから、一帯の利用状況などはわからない。また、多数みられる小穴も規則的ではなく、直径〇・四メートル前後と小さいが、いったい何なのだろうか。このように不明の点ばかりであるが、平坦ではなく、やや起伏をもつ地形や、井戸・手水鉢などからは、どこか風情のある空間とも想定される。

次に、池の様相であるが、「山ヲ切ヌキテ」の記述を裏づけるかのように、現地形をみても山裾を相当に削り込んで造られたものであり、その南岸側は山側へ大きく突き出している。つまり、自然の窪みなどではなく、岩盤を人工的に削り取って、およそ楕円形にしている状況もみられる。その広さは東西二三メートル×南北一六メートル、深さは一・五〜一・八メートルほどとやや浅い。しかし、単なる池としては、この曲輪の規模にくらべてもやや大きすぎるほどに造られており、さらに、大手を入った真正面となる場所に置かれていることから、半ば、この池を中心として曲輪が構成されているような状況さえ感じられる。

遺構そのものは、水配りに関しては湧水がほぼないことから、斜面の谷地形を伝ってくる自然な水によって池の水面を確保していたようであり、とすると、つねに満ちていたとも思えないこととなる。また、その池のなかには、西寄りに小さな

図50　前田利家陣の池跡

島状の高まりを造っているほか、東端には削り出しの階段を設けるなどしているが、その他はほぼ自然に平坦な形状としている。しかし、このような意図的に配置された池であるが、当時の状況そのままではなく、新たな石組みによって、なぜか、その規模は狭められている。その時期は、江戸時代かと推定されることから、文禄・慶長の役の後もなんらかの形で使われていたことが推定されるのである。何か、この一帯に構築された大名陣屋について、その歴史的変遷の複雑さをここでもうかがわせている。

また、この曲輪の山裾側には幅〇・三メートル程の狭い側溝が設けられているが、東側の不明穴群あたりを起点とし、池の形状にあわせてその背後を大きく廻り込み、さらに段状の小曲輪群の直下を西へと延びている。その配置だけでは、ひとつは池への導水的な機能とも想定されたが、溝底の高低差で比較してみると、東側の区域から西端へと流れているようであり、そのようにはなっていなかった。とすると、単に排水の用だけに造ったものなのであろうか。その一連の廻し方だけをみると、山際ではなく、中途半端とも思える起点の位置や、わざわざ池の裏を大きく廻している点など、各箇所の状況をかなり意識しながら通しているようにうかがえるが、どうであろう。

最後に、大型建物の背後に設けられた小曲輪群であるが、この丘陵斜面を次々と造成して平坦部

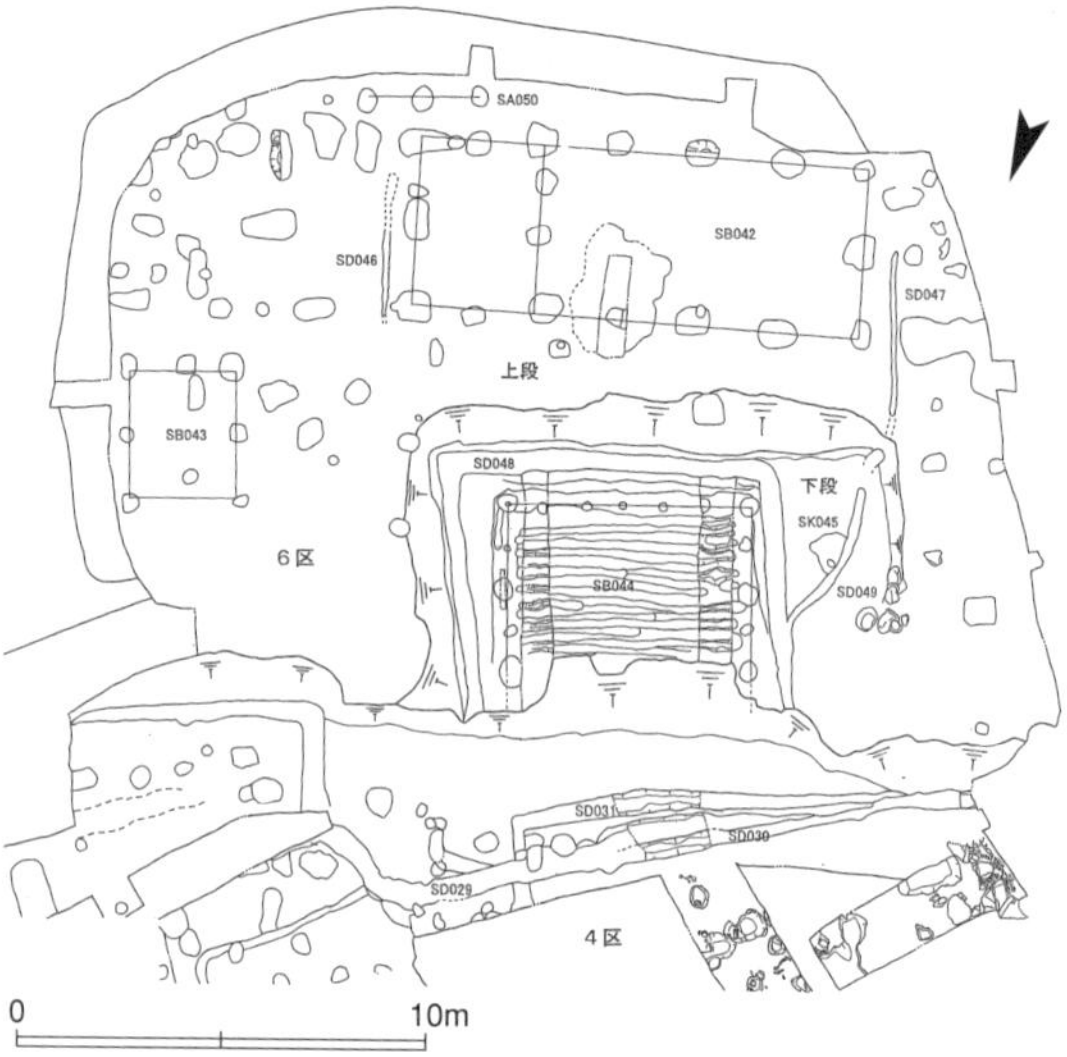

図51　前田利家陣の小曲輪遺構配置

を造り出しており、現状ではその広さを徐々に狭めながらも、上方へ四段で構成している。今回は、その最初の段を発掘しているが、東西約二三メートル、南北一四メートルのこの狭い空間を一様の平坦面とはせずに、前面となる北西側だけを掘りくぼめた半地下構造としていることがわかった。これは、今までに確認された諸大名陣跡の遺構にはまったくみられない、かなり独特な事例であり、さらに、その半地下区域と平坦区域とではまったくその状況も異なっているなど、この段状の曲輪が通有の性格をもつ空間ではないことがうかがえる。

詳細にみていくと、まず、平坦区域には、奥に二間×六間（四×一一メートル）の長棟の掘立柱建物を、その北東脇には二間×二間（二・七×三・四メートル）の小規模な建物がそれぞれ配置されている。この長棟のものは、奥側のほぼ全体を占めており、区域の中核的な施設であろう。内部は、三カ所で区切られている。その西側に、約二メートルほど離れて計四個の小穴が並んでいるが、塀であろうか。また、長棟の建物内部と西側には、幅一〇センチ程の用途不明の溝が北へと延びており、その埋土にはなぜか緑青が混じっている。

次に、半地下区域であるが、東西約一二・五メートル、南北七メートルの範囲を一メートルほど下げており、その底面には柱穴が確認されている。その規模は六×四メートルの掘立柱建物と推定される。しかし、穴は直径〇・二メートル前後とかなり小さく、さらに、その内部には転ばし根太の工法を示す細い溝が七条ほど並行して掘り込まれていることから、短期間使用する簡易的な建物や、蔵などの床の強度を必要とする建物などが推定されている。また、その周囲には溝が巡らされている。ところが、東から南側にかけては掘り込みの縁辺を整然と廻っているのに対し、その南西隅からは建物の方へ斜めに曲がりながら走っており、状況が違っている。建物と溝との配置関係や空間構成をみると、きわめて計画的であることから、たがいになんらかの意図をもってなされていることがうかがえる。

この段の状況は以上のとおりで、内部での構成が異なってはいるものの建物の方向はほぼ同じとするなど、全体としては計画的に配置されたものであろう。しかし、その用途などはわからない。

2　徳川家康陣跡

豊臣秀吉の最大のライバルである徳川家康は、その当時全国最大の大名で、この名護屋には約一万五〇〇〇人もの兵を率いて参陣している。これは、毛利輝元（三万人）に次いで多い軍役の人数である。ところが、彼の陣屋は他の大名衆とは異なり、唯一、本陣と別陣の二カ所に分かれて配置させられている。

その両陣屋については、位置関係や規模だけをみてもまったく異なっている。たとえば、徳川家康自身が居住していた本陣の方であるが、名護屋城の眼下にはっきりとみえる小高い丘陵に置かれており、広さも二㌶にも満たず、彼ほどの大大名の陣屋としては非常に狭い敷地しか与えられていない。また、名護屋城からの距離も北へわずか七〇〇㍍ほどであり、豊臣秀吉と徳川家康との間にあるさまざまな緊張関係を考えると、異常に近すぎる感もある。一方の別陣であるが、この名護屋城と徳川本陣が立地する〝名護屋〟区域とは名護屋湾を挟んで対岸側となる〝呼子殿の浦〟区域に配置されており、幅四〇〇㍍もの海域を渡ってこなければ本陣とは通じないという点で、何か不自然さがみられる。さらに、本陣が極端に狭いのに対し、この別陣が一帯の丘陵の北半全域をほぼ占有し、あるいは一〇㌶にも及ぶかと推定される広さをもっている点も、大名自身が居住していない陣屋としては異様である。

　このような両陣跡の相違について、ひとつの想定として、名護屋城からうかがえる本陣側は家康と側近らの小人数の居住に制限し、別陣側には大多数の家臣団を分離・滞在させることで、現地（名護屋）での軍事的な危険性を回避することを最大の目的としていたのではないかとも考えられている。つまり、二年前に国内統一を果たした秀吉が、全国の諸大名に対して「名護屋への集結を号令」しているとはいうものの、いまだ安定した政権の確立にはいたっていないことを示す、ひとつの証拠とされている。朝鮮出兵の一方で、当然、秀吉は家康と彼に与する大名の存在・動向に用心しながら名護屋への軍事的動員を図っていたのであろう。

　さて、陣跡としての実態だけではなく、さまざまな課題をも抱えている両陣跡であるが、それぞれに発掘調査が進められており、それらの成果のなかにはいくつかの注目すべき状況も確認されているので、以下に紹介していきたい。なお、この両陣跡の様子については、『肥前名護屋城図』にいずれも描かれていることから、発掘調査で発見できた遺構などの状況と比較・検討することも可能である。あるいは、より具体的な陣屋の様相を示すこともできそうである。

（一）本　陣

『肥前名護屋城図』には、小高い山の裾にわら葺きの建物・柵列などがみられるだけであり、山上は自然のままで何も構築されていないように描かれている。

その現場をみると、陣跡としての状況をはっきりと残しているのは、南北約二〇〇メートル、東西一一〇メートルほどの範囲であり、その全体の曲輪配置をみると、標高五二メートルほどの微高地を主曲輪として、北側に一段、東に二段、そして南に一段の小曲輪をそれぞれ確認することができる。これまでに南曲輪と主曲輪の西側下段の一部で発掘を実施しており、主曲輪の要所を石垣で構築していることや、さらにその外側に堀を巡らせているなど、かなり堅固な構えであり、『肥前名護屋城図』の状況とは相当に異なっている。

まず、南曲輪の状況であるが、曲輪内部の方ではそれほどの遺構は残存していなかったが、そこへの出入口となる西端区域では、中央を通路とし、その左右に素掘りの空堀を配した構造を確認している。通路幅は約六メートルと広い。また、堀はその左右両側でかなり形状や規模を違えて造られている。右（南）側は、南へ一三メートルほど延び、そこから本陣全体の防御をなす空堀状の谷地形へと落ちていくものである。その規模は、上幅約五メートル、堀底一・七メートルであり、形状としてはいわゆる薬研堀に近く、深さも四・三メートルと深い。また、対する

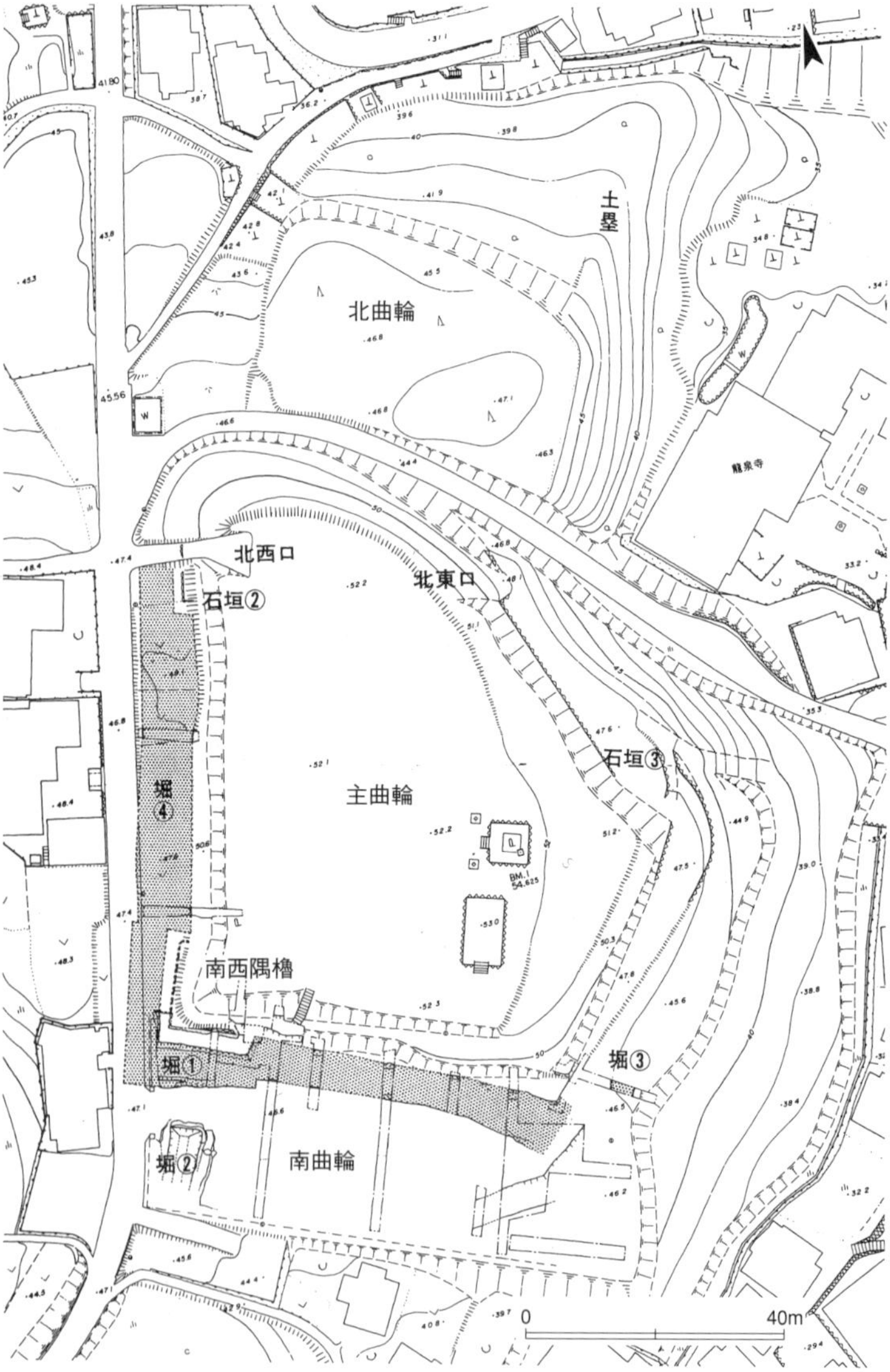

図52　徳川家康本陣の遺構配置

左（北）側であるが、主曲輪を南から西へ廻る堀の南西隅部にあたり、そこに置かれた主曲輪の隅櫓とともに防御が設定されている。隅櫓の前面には一・八メートル程の犬走り状の平坦部があり、そこからの堀の規模は、幅五・五メートル、堀底四メートルであるが、深さは一・四メートル（通路からは二・一メートル）しかなく、右側とくらべてかなり浅い箱堀である。そして、この堀はさらに東へと延びているが、なぜか徐々に浅くなっている。

次に、そこに配置された南西隅櫓であるが、主曲輪（南側）自体がほぼ旧地形を整形したままであるのに対し、堀に面する南側と西側を本格的な石垣で構築しており、堅固に構えている。櫓全体は堀側へやや張り出しており、その規模は、基底部で東西一〇・八メートル、南北一二・八メートルを採り、櫓としては大きい。また、石垣は高さ約三・七メートルしか残っていないが、上部の主曲輪の地盤との比較から、当初は七メートル程はあったと推定される。

ところが、その構築状況をみると、石垣の石材はほぼ割石であり、野面石はほとんど使っていないこと、角石の左右の引きは長くなく、算木積みとしては弱いこと、そして、築石も布積みではあるが、やや乱れていることなど、桃山時代のものにしては疑問の点が多い。また、その前面の堀には、瓦・裏込め石・石材などが次々に落とし込まれている状況をうかがえることから、ある時期にこの櫓が破却されるとともに、堀も人為的に埋められてしまったようであるが、そこから出土した瓦類をみると、後の時期の唐津城と同じもの（同笵瓦）ばかりなのである。このような遺構・遺物の諸点から検討すると、現在にみる櫓台石垣は家康が陣屋を構えていた当初のものではないのかもしれない。あるいは、江戸時代の唐津藩がなんらかの事情でこの陣跡を改造したことも想定される。なお、この箇所の他に、同様の石垣が主曲輪の北西隅にも用いられている。

最後に、主曲輪の西側下段であるが、現状ではほぼ平坦な場所となっている。しかし、その一部を掘り下げてみると、南曲輪と同様に、もともとは堀であった所を完全に埋めていることが判明した。やはり、これも破却行為の結果なのであろうか。なお、本来の堀の規模は、幅が約八メートルと広く、深さも二メートル以上もあり、本陣跡のなかでは最も大きなものである。このように、表向きとなる西側に本格的な堀を設置している状況は、あるいは家康自身の滞在所である主曲輪の防御も考慮してのことであろうか。

(二) 別陣跡

別陣は名護屋湾の対岸（湾の東側）に延々と広がる丘陵上に構えられている。丘陵の広さは、東西幅約三〇〇メートル、南北長六〇〇メートル以上にも及んでおり、その北半部の最高所を中心とした一帯が家康別陣の区域ではないかと推定されている。『肥前名護屋城図』にも、築地塀に囲まれた空間のなかに、わら葺きか茅葺きの屋根をもつ大小五棟の建物群がそれぞれ描かれている。

全体の構造としては、中心区域の内部を石塁あるいは土塁によって大きく区切ることで、ふたつの主要な曲輪を東西に配置していることがわかる。発掘された遺構の状況からみると、両曲輪での様相はやや異なっており、たとえば、長屋・数寄屋・井戸、そして櫓などの特徴ある配置がそれぞれで発見されている。

西曲輪

まず、西の曲輪であるが、調査前の現況としては、北東隅部を入れ込み、南西隅部を大きく張り出すものの、ほぼ長方形のプランを基本としており、南北長約一二〇メートル、東

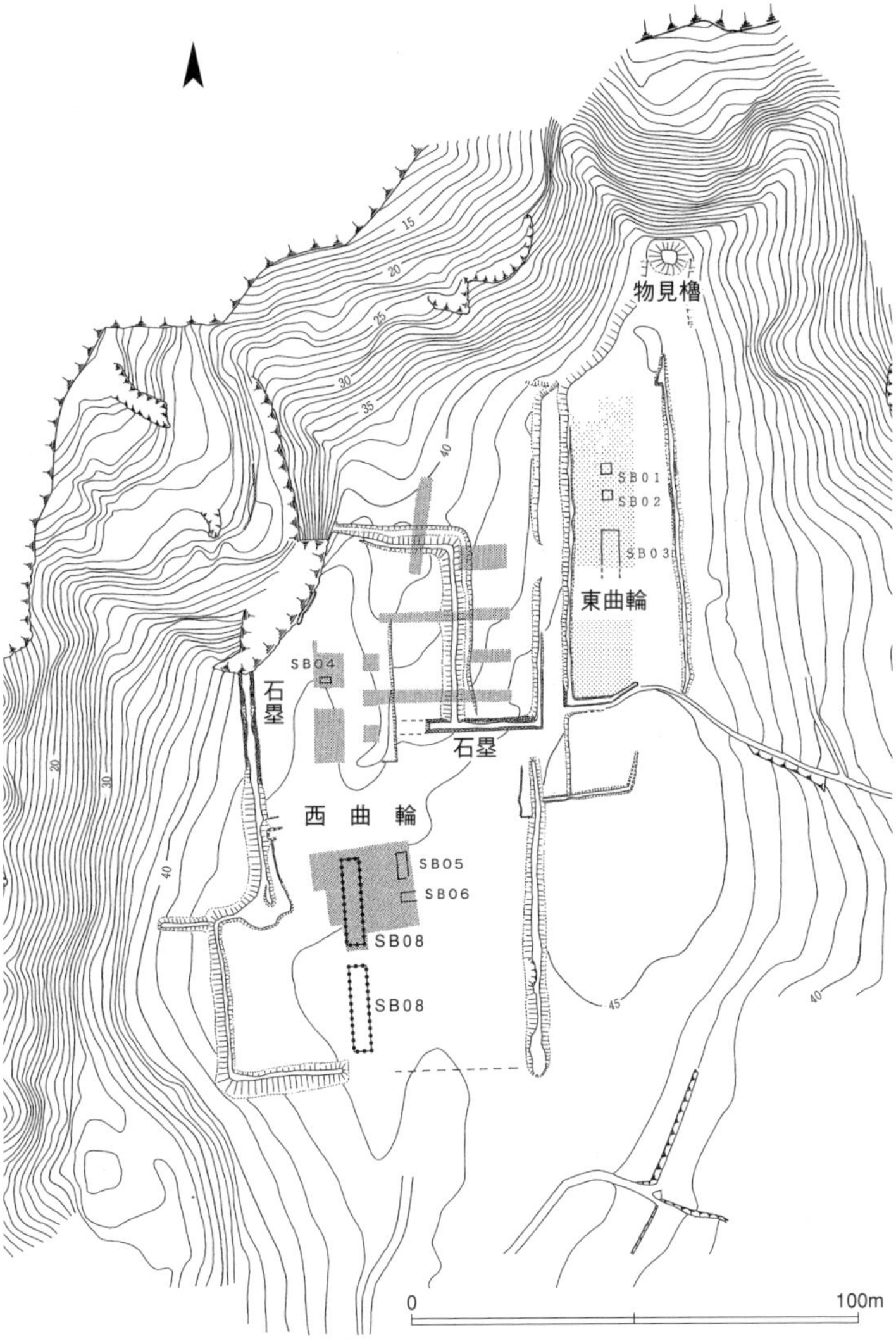

図53　徳川家康別陣の遺構配置

図54　徳川家康別陣の掘立柱建物跡

西幅七五メートルの広さをもっていることが確認されている。しかし、発掘を進めていくと、この区域に現存する高さ一・〇〜一・五メートルほどの土塁のほかに、新たに土塁の痕跡とそれにともなう溝状の遺構が発見され、じつはこの広大な曲輪が幅三メートルほどの通路を挟んで南北に区画されていたことがわかった。また、西側の一部だけはなぜか石塁としていたのであるが、その箇所に届く溝とは前後関係をもっており、ここだけを後に大きく改造していたことも確認されている。

その曲輪北区域は、南北約四二メートル、東西五〇メートルの規模をもち、西側と南東隅の一部を石塁で、その他の北および東側を土塁とすることで区画している。また、それら土塁の外側には幅二〜三メートルの溝も付属している。しかし、その石塁から一三メートルほど内側（東側）において、前段階となる鈎形の溝とそれに付属する柵列を発見したことから、現在みる北区域は当初のままではなく、この石塁を新たに配置することによって西側をやや拡張しているという変遷がわかったのである。その内部では、一棟の礎石建物跡（ＳＢ０４）を発見しているが、一・五×二・七五メートルほどの広さしかない。さらに、かなり小さな建物であるにもかかわらず、礎石を用いている状況からは、茶室などの特別な構造を想定されるが、その周辺では他に何も確認できていないことから、何なのか不明である。なお、ここへの直接の虎口はわからないが、南北両区域の中央付近に設けられた通路から、さらになんらかの出入口はあったものと思われる。

　次に、曲輪南区域をみると、その北側と南側の東半部が消滅しているものの、溝などの遺構の状況から、四囲を土塁と付属する溝で区画していたようである。西側の土塁は、その中央付近で西へと折れており、斜面部までを区切っている。その広さは、東西・南北とも約七五メートルであり、ほぼ方形のプランを採用している。また、区域内部では計四棟の掘立柱建物跡を確認しているが、そのうちの東側の二棟（ＳＢ０５・０６）が一間×三間（一・一×五・七メートル）と一間×二間以上（一・九五×三・八メートル）しかなく、小規模であるのに対し、西側の二棟（ＳＢ０７・０８）は南北方向に整然と並び、その規模も同じ二間×一〇間（三・六×一八・二メートル）を採っており、計画された長大な建物として造られている。ただし、その柱痕は一〇～一五センチほどでかなり細く、本格的な大型建物とは思えない。いわば、長屋のようなものが想定される。

　なお、この区域では南北両側の土塁と溝の一部が途切れていることから、ここに平入りの虎口を設けていたようである。その南側の虎口は、さらに南につづく曲輪との通路として機能していたのであろう。

東曲輪　また、東の曲輪でも、北側区域の一帯を中心に掘立柱建物跡一棟と礎石建物跡二棟、それに井戸跡・玉石敷通路・敷石通路などを発見している。

　掘立柱建物（ＳＢ０３）は二間×四間以上（三・九二×七・二四メートル）であり、柱痕も九センチほどしかないなど、西曲輪南区域の状況と同様で簡

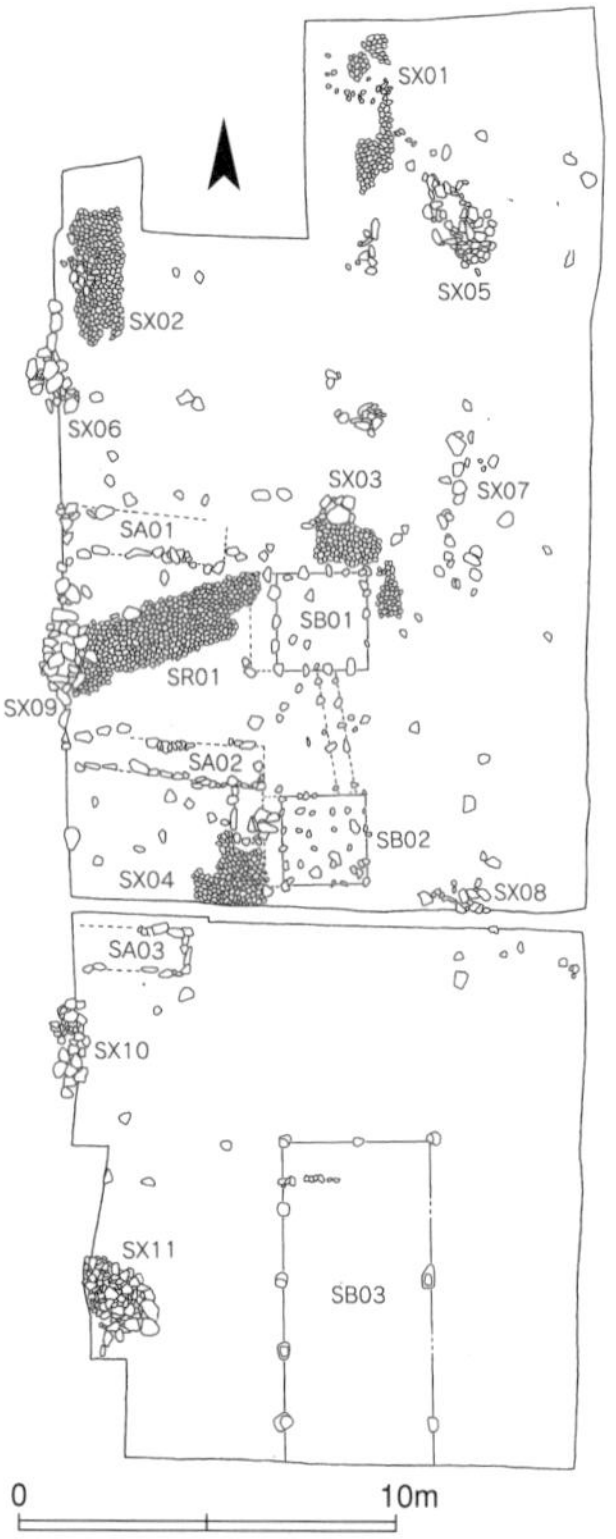

図55　東曲輪の遺構配置

素な構造である。一方、二棟の礎石建物（SB01・02）は、南北に並立して整然と配置されている。北棟は二・四二×二・四八メートル、南棟も二・二一×二・二七メートルの小規模な身舎であり、〇・五メートルほどの狭い縁をそれぞれ西側に付属させているだけでなく、たがいの間を幅〇・五メートル程の狭い通路状のもので繋ぐなど、両建物の関連性は強いようである。さらに、周囲をみると、北棟には西から延びてくる玉石敷の通路（残存長五・二メートル、幅一・六メートル）や建物廻りの玉石敷が、南棟にはその西側に玉石敷がそれぞれ配置されており、いずれも西向きの建物となっている。そして、これらの遺構全体を三条の石塁で区画していたことも判明している。いずれも建物よりも西側にあり、それぞれの建物空間を区切るように、北側と中央のものは北棟および南棟の北西付近まで、また、南側のものは南棟の南西の方まで延び、そこで終わっている。さらに、その二棟の建物の北側に井戸、玉石と敷石の通路が配置されている。

さて、このような礎石建物周辺の状況からは、単なる通常の建物区域ではなく、なんらかの特別な場所として設定されたことがうかがえ、たとえば、茶室と露地を中心とした数寄空間などを強く想定させている。

しかし、ここでのひとつの疑問は、この陣屋には兵舎を思わせるような長屋状の掘立柱建物が点点とみられる一方で、それに似つかわしくない風情をもつ礎石建物の空間が設けられていることがある。このまったくの違和感を感じさせる状況をどのようにとらえていくのかが、本陣跡の大きな課題でもある。当然、西の曲輪区域で明らかとなっているように、時期差による改造・変遷ということも考慮しなければならないであろう。

物見櫓―井楼の遺構

この東の曲輪の最北端に、南（曲輪）側を堀切で区画した小規模なマウンドがみられる。周囲の傾斜面がやや流れてはいるが、地形としては台形状の土壇をなしており、それも人工の盛土によって構築されたものであることが確認されている。その規模は、ほぼ六メートル四方であり、さらに、その頂部には小規模ながらも掘立柱建物が建てられていたことも判明している。大きさは、南北二間×東西三間（三・四×四・一メートル程度）であり、柱も小さいようである。

この遺構に関しては、本陣のなかでも最も高く構築された位置に単独の配置であることや、名護屋湾の全体を見渡せる突出した地点に立地していることなどから、「物見」の機能を有する「井楼」跡ではないかと考えられている。

（三）二つの陣屋をもつ理由

以上のようなさまざまな状況が、本陣跡と別陣跡で確認されている。これらの様子をみると、徳川家康自身が居住していたとされる本陣の「狭さ」と、家臣団を中心とした別陣の「広さ」の対照はもちろん、別陣の方にみえる「遺構の複雑さ」とともに「改造の存在」も気掛かりである。

たとえば、軍事的施設の様相を示す「長屋」「井楼」が非軍事的な遊興施設である「茶室」と隣り合って存在しているのは、なぜであろうか。現在、本遺跡以外に関しては、大名自身が居住する「本陣」跡をおもな対象とした調査の状況でしかなく、比較検討することは困難であるが、これまでの陣跡の発掘結果として、このようなまったく性格が異なる遺構が混在する例はみられない。あるいは、「改造」にともなう新旧の状況ともかかわっているのかもしれない。

その「改造」という点については、伊達政宗の重臣伊達成実が記した『伊達日記』のなかに気になる一文がみられる。その記述によると、名護屋城から名護屋湾を隔てたこの一帯（呼子町殿ノ浦地区）に徳川家康と前田利家の両者はもともと陣を構えていたが、遠すぎるという秀吉の意を受け、名護屋城近くの現在地にそれぞれ移転してきたというのである。ただし、そのきっかけは、水汲み場において双方の家臣が戦闘寸前にまでいたったことで、大いに懸念した秀吉が両者を身近により寄せた結果であるともいわれている。その際、家康自身の旧陣屋は家臣団の滞在拠点として、つまり、兵舎を主体とした軍事施設への機能転換・改造を図っていったとも推定される。

3　豊臣秀保陣跡

豊臣秀保は秀吉の姉の子で、秀吉の甥にあたり、関白秀次とは実の兄弟となる人物である。後に、豊臣秀長（豊臣秀吉の弟、大和中納言）の養子となり、秀長が一五九一（天正十九）年に亡くなると、その大和国郡山の領地を大大名として引き継いでいる。文禄の役に際しては、この名護屋に一万五〇〇〇人の兵を引き連れて在陣している

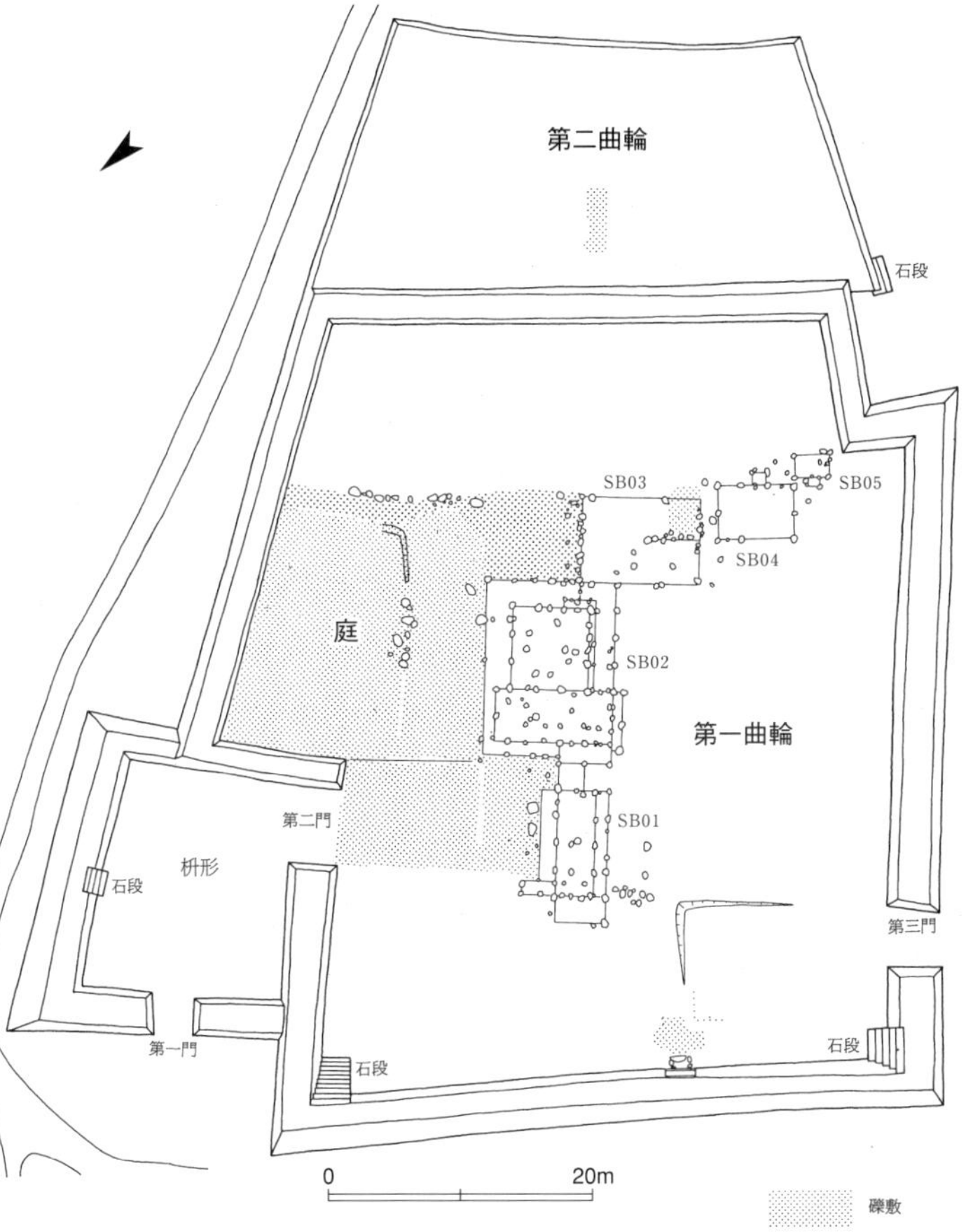

図56　豊臣秀保陣第一陣の遺構配置

が、一五九五（文禄四）年に病没したといわれており、慶長の役に参陣することはなかった。

その陣屋が置かれた場所は、名護屋城から西南方へ一・三キロほど離れた広大な丘陵（通称、鉢畠）のほぼ全域であり、占有する広さは約二〇ヘクタールにも及んでいる。数ある大名の陣跡のなかでは、前田利家・徳川家康をも凌ぎ最大規模である。その丘陵一帯は、陸地と繋がる東側を除く北・西・南の三方が海に面しており、とくに、北および南側には入り江が深く入り込む地形をなしていることから、秀保の陣屋はこの海域を意識した配置とも推定される。その丘陵頂部はなだらかで平坦な地形が広がっており、陣跡の遺構はその全域に展開しているが、現状でも石垣などが明確に確認できるほど良好に残っている。そして、そこでの遺構配置をみると、中核となる陣屋が東・西の二カ所に分けて配置されていたこともうかがえる。

秀保が居住した第一陣

ところで、『肥前名護屋城図』の名護屋城の背後には、重層の瓦葺き建物をもつ秀保の陣屋が描かれているが、その曲輪構造の特徴からみて、東陣屋（第一陣）と西陣屋（第二陣）のうちの前者を選び、内部までも詳細に伝えていることから、絵師は東陣屋の方を「中核の曲輪」と把握していたと推定される。

発掘調査では、その東陣屋（第一陣）を対象として実施している。まず、この第一陣の縄張りであるが、全体を石塁で囲み込んだ中心的な第一曲輪（主曲輪）と、その南側下段に付属し、石垣で構築された第二曲輪、そして西側斜面に配置された四段の細長い腰曲輪によって造られている。第一曲輪は東西四五メートル×南北六〇メートル程の規模をもっており、その南西隅の角部を欠く石塁とする一方で、北東側に枡形の虎口構造を整然と配するなどの特徴がみられる。

石塁は、全体的に上面部がほぼ崩落しており、内面側は一～二メートル程度しか残っていないが、外面側は二～四メートル程もあり、外側をやや高く構えていることがわかる。石材には玄武岩を用いており、角石や大石の一部に矢穴痕を確認できるものの、ほとんどは六〇～七〇センチ程の自然石である。その積み方は、基本的には北面側にみられるような布積みであるが、東面には鏡石積みを多用しており、こちらを名護屋城側の正面として意識しているようである。ただし、西面部などにはなぜか後世の積み直しもみられる。また、隅角部についてはほとんど良好な状態ではないが、南西隅には算木積みをうかがうこともできる。

図57　第一曲輪の礎石建物跡

次に、桝形であるが、曲輪部と同様に石塁で構成されており、約一八メートル四方の広さを有している。本曲輪の規模に対し、かなり大きな構えを採っている。そこに遺構は発見できていないが、北側と南西側の石塁の一部を開けており、門を置いていたと推定される。石塁の高さは曲輪部よりも一段低く、一・五～二メートル程しかないが、その構築には二・八メートルほどの大石を使うなど、鏡石積みを多用することによって特徴づけた大手の虎口としている。なお、東側石塁の中央には石段も配置されており、内部からの防御も図っているようである。

第一陣（第一曲輪）の建物群　この桝形を通り抜けて曲輪内部に入ると、計五棟（ＳＢ０１～０５）の建物群とそれに付属する庭・玉石敷など、整然と配置された遺構が発見されている。建物はすべて礎石によるものであり、全体としては鉤形に配されている。そのうち、中央に位置する三棟（ＳＢ０１～０３）は連結しており、それらと少し離れて、他の二棟（ＳＢ０４、０５）が置かれている。

ＳＢ０１は虎口の正面に位置しており、表向きの建物であろう。身舎は二間（三×八《メートル》に二×四《メートル》の張り出し）の間取りであり、その東西両側に縁が付く構成となっている。さらに、それらの縁側にはそれぞれに踏み石が置かれており、本建物の出入りの位置を示している。

つづくＳＢ０２は五棟のなかで最も規模が大きく、陣屋の中心となる建物であろう。やはり、身舎は二間（四×九《メートル》と六×六《メートル》）の間取りをなす。全体の構造としては、その身舎の四周に広縁を廻らせるものであるが、西側には「付け書院」、南隅には「床」にあたるような張り出しをそれぞれ設けるなどの特徴がみられる。また、東の縁側には踏み石らしきものも置かれており、その前面に造られた「庭」への遊興も示している。

ＳＢ０３は、ＳＢ０２から鉤形に折れてつづく建物であり、六×九《メートル》の広さを採っている。縁などは配置されていないが、建物内部の南西側には石列で区切られた玉石敷がみられることから、ここをそのまま土間として、建物への出入口としていたようである。また、建物東側には玉石敷のなかに礎石が並んでおり、ここに半間（約一《メートル》）の庇が延びていたことがわかる。

それら三棟から一・五《メートル》ほど離れてＳＢ０４は配置されている。四・二×六《メートル》程しかない小さな建物であるが、それをさらに二間（四×四《メートル》と一・六×四《メートル》）に区切る間取りを採っている。また、南側には一×一《メートル》の小さな張り出しを設け、ここを出入口としている。なお、この一帯だけには相当の瓦が散乱していたことから、ＳＢ０４の建物は瓦葺きだったことが推定される。前述のように、この陣屋の様子については『肥前名護屋城図』に詳細に描写されているのだが、その建物群のなかに瓦葺きの重層建物が一棟だけ描かれており、このＳＢ０４がまさにそれなのであろう。

ＳＢ０５は、最も南奥に配された建物である。その規模は二×二・七《メートル》しかなく、こじんまりして狭く、北側に一×〇・五《メートル》のわずかな張り出しを設けた程度の簡素な構造であるが、一応は単独のものである。

また、建物群以外の遺構としては、ひとつは、ＳＢ０１～０３建物の東側全域に広く敷き込められた玉石が特徴的である。その分布は桝形から入った東側を明らかに表として意識したものであり、さらに、そのなかに風流な石を点々と配する有り様は、建物から眺める「庭」として築かれた空間であることも示している。

もうひとつは、曲輪南区域で実施された確認調査において発見された、本曲輪の造成工事とかかわる遺構である。遺構は石塁状をなし、曲輪面の直下を東西両端まで並行して走るものを主体とし、さらに、その所々に直交する形で小規模なものが配置されている。しかし、その技術は現認できる石塁とはまったく異なっており、石垣の石材ほどの大きさの石も混じるが、そのほとんどは小礫であり、それらを雑に積み重ねている状況や、幅も二～四《メートル》と一定せず、場所によっては二段とするなど、その規格・工法も同様ではない点などからみて、曲輪の造成・盛土にともなう土留めの石積みであろう。これと同様の事例は、名護屋城本丸跡・二ノ丸跡・三ノ丸跡・弾正丸跡や前田利家陣跡以外にも、甲府城跡・岡山城跡・仙台城跡などで次々と発見されている。

第一陣の第二曲輪

次に、第二曲輪の状況をみると、第一曲輪よりも二《メートル》ほど低い場所に置かれており、その規模は、南北の幅はほぼ一八《メートル》としているが、東西は四三～三〇《メートル》と南へしだいに狭くなるプランとして設定されている。その構築には、第一曲輪と異なり、接する北側以外は東・南・西面の三方とも石塁ではなく、石垣を用いている。

発掘では、内部の一部に玉石敷が発見されただけであり、その他には曲輪の北西隅で外へと通じる石段を、同南西隅の外側で西側斜面を下る大竪堀（延長約四四メートル、幅約五メートル、深さ約二メートル）をそれぞれ確認できるにすぎない。なお、北面の石塁には、八艘以上もの大小の帆船が重なるように線刻された石材が発見されている。艫・帆柱・舵・櫓などを装備した船の様子を描いており、当時、この海域や名護屋湾などに出入りしていた軍船か商船を興味深く眺めていたのであろうか。これと同様の例が、名護屋城船手口でも確認されている。

出土遺物

この第一陣で発見された遺物はわずかであるが、陶磁器としては中国景徳鎮窯の青花（碗・皿）、朝鮮国産の白磁（碗・皿）・陶器（皿）、国産美濃・瀬戸窯の天目碗・灰釉皿・鉄釉碗、備前窯のすり鉢、土師器など、金属製品では、鉄製の馬具（轡）・鏃・鎖・刀子、銅銭（開元通宝、宋銭）など、そして、瓦では丸瓦・平瓦・軒丸瓦・軒平瓦が、それぞれ発見されている。

第二陣

最後に、第一陣の奥に展開している第二陣であるが、その一部が果樹畑として開墾されているにすぎず、ほとんどの石塁や虎口の石垣などが木々のなかにそのまま見え隠れしている状況であり、全体の保存状況はきわめて良好である。

発掘調査などは実施していないため、それらの詳細は不明であるが、この陣の方が第一陣よりもはるかに広く、礎石などが確認できるだけでなく、石垣・石塁なども多用しており、虎口などもいくつか開いているなど、様相としては第一陣の単なる付属的な曲輪ではないように思われる。

本陣屋の総括

諸大名の陣跡群のなかでも、本陣跡は発掘により内部の建物の規模・配置、そして構造などが初めて明らかとなったものであるが、さらに、本陣跡の遺構群が『肥前名護屋城図』や文献史料などと比較・検討できる状況にあることも重要であろう。たとえば、実際に発掘された遺構配置と『肥前名護屋城図』に描かれている本陣屋をくらべてみると、石垣・門・建物などの風情は写実的なまでにほぼ一致しており、ここを秀保自身が居住した「館」として表現していることを十分にうかがわせているのである。この地における大名の滞在生活の一端をより具体的にとらえられることとなったのであり、北野隆はＳＢ０１～０５建物をそれぞれ「遠侍」「書院」「御座の間」「櫓」「数寄屋」との推定を行い、いわゆる戦時における仮設の「陣屋」のイメージを払拭させている。

なお、この豊臣秀保陣跡の第一陣については、一九七九～八一年度にかけて発掘調査および保存整備を実施している。事業としては、最初の対象区域である。

4　堀秀治陣跡

織田信長の重臣であった父・堀秀政の跡を継ぎ、越前国北庄の城主となった堀秀治の陣屋は、名護屋城の南西方約一キロのところに構築されている。地形として、一帯は約一〇ヘクタールにも及ぶほぼ独立した丘陵であり、標高五四メートルほどの平坦で広大な頂部を中心に、そこから北・北西・西・東のそれぞれの方向にやや低く尾根が派生している。当初から頂部一帯が陣屋の中核区域であることは推

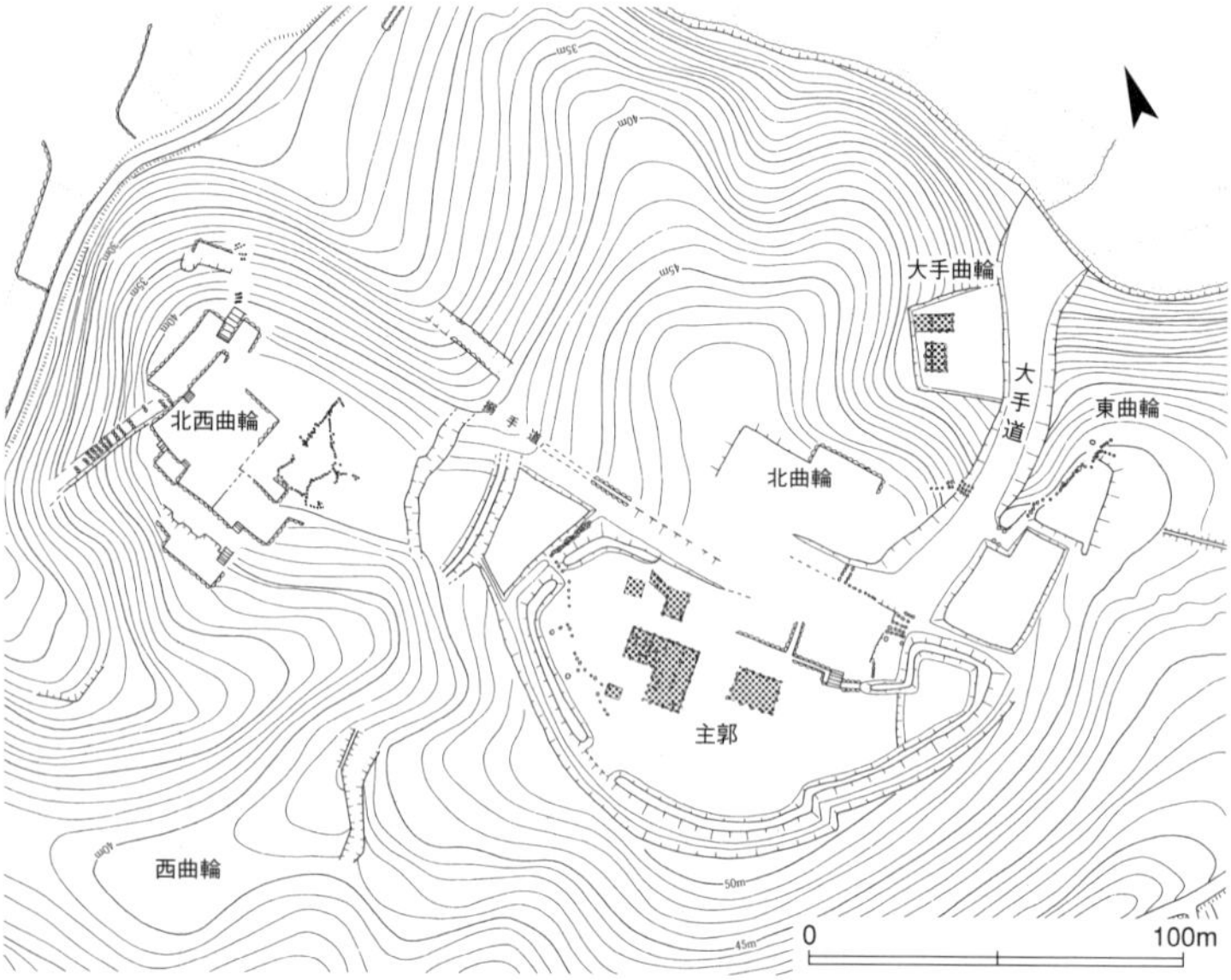

図58　堀秀治陣の曲輪配置

定されていたが、それぞれの尾根にもそれにかかわる曲輪の造作がうかがえたことから、諸大名の陣跡群のなかで初めて陣跡全域を対象とした発掘調査を実施した。その結果、秀治自身の滞在生活の実態を探り得ただけではなく、この名護屋に参陣した大名衆の陣屋構造のひとつの基本パターンを知り得るなど、数々の貴重な遺構を確認できている。

まず、それらの遺構の状況を概略してみると、中核となるのはやはり頂部一帯であり、そのほぼ平坦な区域の中央に整然と並ぶ二棟の大型建物を置き、その周辺には数寄屋・能舞台を、そして北隣の曲輪には配石による庭園を、また、北西曲輪には飛石を縦横に巡らせた遊興的な独特の空間を、東曲輪には飛石・延段・手水鉢などを配した庭園をそれぞれに配置する。このように、丘陵部のすべてが陣主である秀治自身のための生活空間として使用されていたことが本陣跡の大きな特徴である。出土した遺物にも、国産の天目茶碗・土鍋・土師器などとともに朝鮮国や中国の陶磁器もみられ、渡海を控えた臨戦の場というよりも、陣屋での優雅な大名生活の一端がうかがえる。以下に、そのような曲輪の様相について、それぞれ紹介していくこととする。

秀治の居住区域―主郭

この丘陵の北東方向が谷地形をなしており、ここに麓からほぼ真っすぐに延びる道を造って、中心区域一帯への大手としている。その進入口となる麓にも、西側傾斜面を大きく削って曲輪を設けており、そこには掘立柱建物跡・土壙などの配置がみられる。その脇を通り、一一五メートルほどの坂道を上がっていくと、通路は頂部近くで二方向に分岐している。ひとつは南へそのまま主郭部へといたる経路であり、もうひとつは西へ折れて北曲輪へと入っていくものである。前者の通路を進んでいくと立派な石段と門が配置されているが、さらにその先にも低い石垣の間に出入口となる石段が設けられており、正式の虎口として造られていることがうかがえる。そして、それらを通り抜けると、ようやく主郭へと入ることとなる。

主郭は、東西一二〇メートル、南北七〇メートルほどの広がりをもち、平面が半円形をなす頂部一帯に置かれており、名護屋城に対して正面となる北側だけは石塁としているが、その他は全体に土塁を廻らせて構築している。そして、その内部をみると、東西方向に並ぶ大型建物跡二棟を中心とした遺構配置がなされているようである。ただし、それらの遺構群は西側建物跡の周辺に集中しており、その北側には「能舞台」「橋掛かり」「楽屋」と推定される一連の建物群が、南側には「茶室」二棟とそれらに伝う飛石、それに手水鉢などが、それぞれ

図59　主郭の遺構配置

計画的に置かれている。

並ぶ大型礎石建物

まず、東側の建物であるが、桁行六間（一二メートル）×梁行四間（九メートル）の主屋に一間（一メートル）の縁を四方に廻らせる礎石建物の構造であり、とくに複雑な建物構造は採用していない。しかし、これほどの大型建物であるにもかかわらず、その内部に束石などがほとんどみえず、床構造に疑問が残る。また、その北側の縁の外には玉石を全面に敷き詰めている。

次に、西側であるが、ほとんどの礎石が当初の位置にほぼ残存しており、その状況からみると、東側とは異なって総柱構造かと推定される。全体は「L」字形に折れる建物構造で、桁行

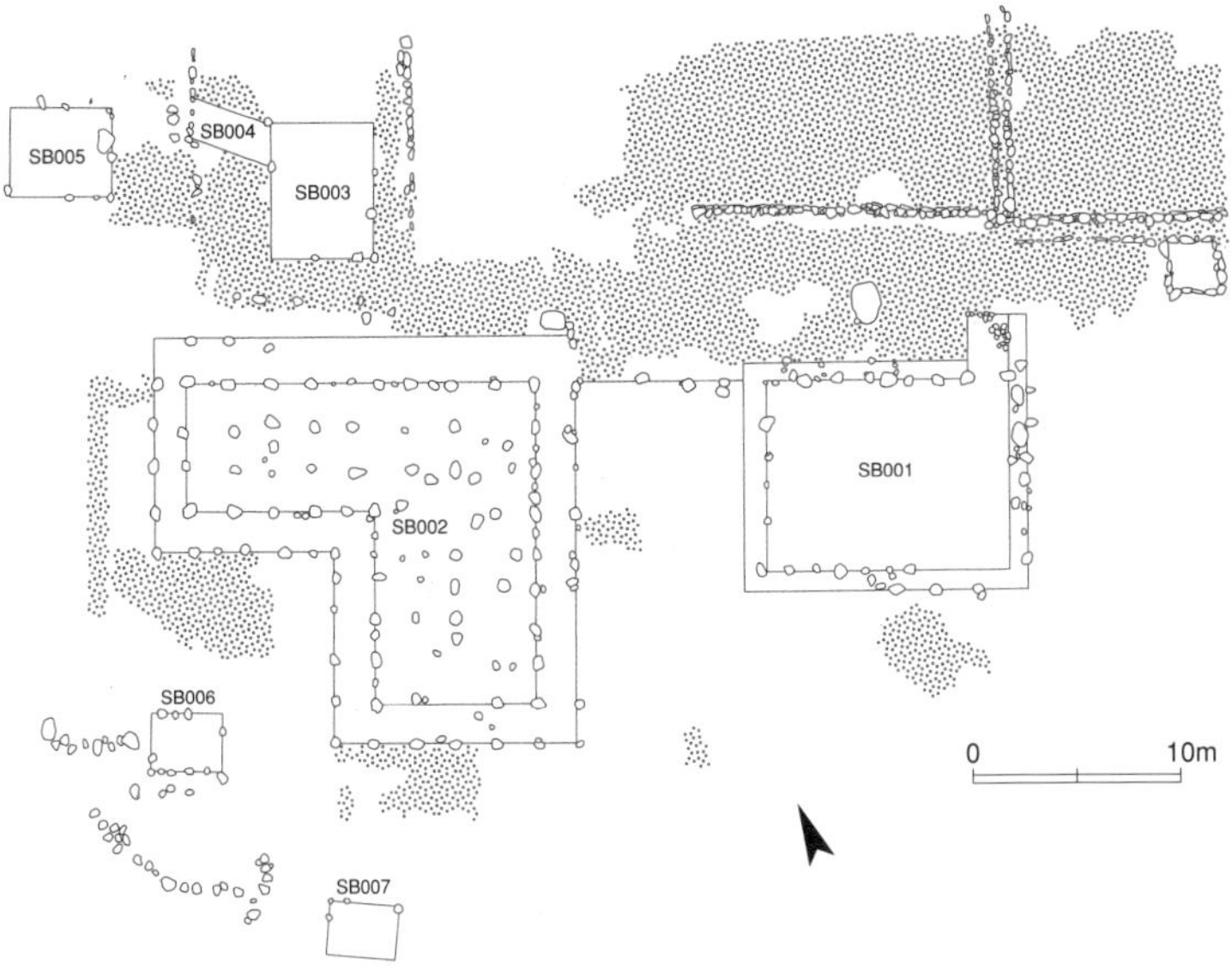

図60　主郭の建物配置

八間（一五メートル）×梁行四間（八メートル）の南北棟に、桁行五間（九メートル）×梁行三間（六メートル）の東西棟を付属させ、さらに、その周囲に一間（二メートル）の広縁を廻らせる。また、両棟の南側にはそれぞれ玉石をやや広く敷き詰めており、小さな庭としているようである。

能舞台の在り方

　また、その西側の大型建物から北側へ約四メートル離れ、奥の東西棟と向かい合ってほぼ正対する位置に、通有ではない配置関係を示す三棟の建物群が造られている。これについての検討では、「ＳＢ００３建物の北西隅から斜めに別の建物がつづいていること」「そのＳＢ００４建物の先にはさらに一棟の建物が置かれていること」そして、「ＳＢ００３建物の裏手となる北側を除く三方に選別された玉石がていねいに敷かれていること」や「その東西両側を石列で区切っていること」などの点が大きな手

図61　主郭の能舞台遺構配置

掛かりとなっている。その結果として、斜めにはしる特徴的な建物は「橋掛かり」であり、その構造を付設する建物ならば「能舞台」で、「橋掛かり」の先にあるＳＢ００５建物は「楽屋」と推定したのである。

「能舞台」の規模は、西側建物（東西棟）の正面側となる梁行三間（四・八五メートル）×奥行きとなる桁行三間（六・四五メートル）であるが、梁行の東側一間だけは均等ではなく、狭く採っている。また、その床面の南東側に、直径一・二八メートル、深さ〇・二六メートルの円形の浅い窪みが確認されている。遺物はまったく出土していないが、能舞台の構造に関連するものと思われる。

「橋掛かり」は、能舞台の建物軸よりも一八度ほど北へ振れて付属している。能舞台のものを除いて、礎石はみられないが、周囲の玉石の敷き込み状況から、その規模は幅一・九二メートル×長さは最長で七・八メートルほどであろう。なお、その途中に二個の礎石らしき石が並んでいるが、橋掛かりとの関連はわからない。

そして、通常の場合、「楽屋」は能舞台・橋掛かりと連続しているが、ここでの遺構の状況をみると、その一体的な構造を採用していない。橋掛かりからいったん下りた後、やや西へ離れた楽屋へ入っていったと考えざるを得ない。その規模は、礎石の残存状況からみて、桁行三間（五メートル）×梁行二間（四メートル）ほどか。なお、東側の礎石に「＋」の刻みが残っているが、おそらく、建物の建て上げに際しての基準を彫り込んだものと思われる。その間隔は一・九八メートルであり、ここでは一間を六尺五寸としていることがはっきりわかる。

茶室空間の設定

西側大型建物の東西棟南側において、やや不明瞭ではあるが、建物礎石の分布を二カ所で確認している。その両

図62　大型建物と能舞台の玉石敷

区域近くにはそれぞれに飛石が取り付いており、それらが本曲輪の北西側に設けられた小さな虎口（搦手）へとつづいていることや、途中に手水鉢が据えられていることなどの全体的な状況から、これらをひとつの趣をもった建物、つまり茶室と推定している。そのうち、南側の建物区域では礎石がほとんどなくなっており詳細は不明であるが、東西棟に近い北側の建物の方は桁行を四間（三・六八メートル）とし、梁行の柱間は不明であるが二・七六メートルの規模とするものであり、広さとしては六畳程度のようである。

なお、飛石はそれぞれの建物から西へ少し伝った後、ひとつの路として合流し、約三〇メートル先の搦手までゆるやかな斜面をたどっているが、さらに途中の二カ所で短く分岐している。そして、その先のいずれにも、手水鉢と思われる石がひとつずつ配されている。ただし、通称「旗竿石」とよばれる東側のものには直径〇・二六メートル、深さ〇・三メートルの穴が穿たれているのに対し、西側はその表面が自然のままに浅く窪んでいるにすぎず、それぞれの形状が大きく異なっている。

謎の空間

本曲輪のなかに、どのように利用しようとして構築したのか、その目的が判然としない場所が二カ所ある。ひとつは西側大型建物の前面、能舞台の東隣りにあり、その西側を石列、南および東側を玉石敷き、そして北側を土塁でそれぞれ囲い込み、礎石などがまったく存在しない単なる広場のような空間が造られているのである。東西一〇・七メートル×南北一〇・五メートルとほぼ方形に規格され、玉石敷の有無も明瞭であることから、何も使わなかったとは思えない。

もうひとつは、大手正面の門を通り抜けた地点であり、ここでは曲輪を囲い込む土塁を意図的に北へ張り出して折れを造り、通路横（東側）の曲輪内部にやや狭い空間を設定しているのである。一帯は他の区域より二メートルほど低く構えられており、明らかに大手を意識した「横矢掛け」の縄張りを採っていることから、家臣達が控えて警護する場所などの防御機能が想定されている。

大手と搦手

本曲輪には、出入口として明確なものが二カ所に設けられている。

ひとつは、中核となる頂部一帯へ延びる大手道から、そのまま主郭北東部へと進入する箇所に置かれており、まず、最初の関門として、計六段の石段を配し、それを上がった所に門（礎）を構えている。礎石は、石段の両側に各一個であり、その間隔は四・四メートル。櫓門などの本格的な城門は想定できないが、一メートルほどの大きな石材を用いており、冠木門などの相応の門だったと思われる。そして、それらを通り抜けると、右へ折れ、ふたたび石段となる。その幅は四メートルと広い。さらに、その左右両側は石塁を基礎とする塀で構えられるなど、この大手口の一連の経路が正式なものとしてかなり整えられていることがうかがえる。

もうひとつは、その大手とは反対側となる曲輪北西側に置かれているが、規模も構造も大手口とはまったく異なっている。前述のように、茶室空間から延びる飛石がたどりついた箇所であり、曲輪を囲い込む土塁を切り下げて開口し、曲輪の外への出入口（搦手）としているものである。そこに門跡などは確認できていないが、幅〇・八メートル前後で七段ほどの小規模な石段が置かれており、それを下ると、さらに右へ折れる石敷きの延段がつづき、最終的には曲輪の北裾を西方向へ下りていく大きな通路へといたっている。延段の幅は〇・八《メートル》前後と一定しており、その延長は一三・二《メートル》ほどつづき、通路へ下りる地点で大きめの石を踏み石として置くなど、茶室からここまでを通して、ひとつの趣をもって造り出していることがわかる。なお、この延段は土塁構築にともなう空堀を埋め立てて、新たに配置したことが判明している。つまり、名護屋城と同様、この陣屋も改造されているのである。

堀と土塁　曲輪の大手筋には石塁を用いているが、それ以外の東・南・西の周囲には、土塁とその外側にさらに空堀を廻らせ、より堅固な防御機能を設定している。そのうち、南側は地形にあわせてゆるやかに弧を描いているが、東側と南東側では折れを造り、西側は北西曲輪の方へ延ばすなど、やや意図的な配置状況もうかがえる。その規模について、土塁が良好に残る南側で確認してみると、土塁の盛土高が約二《メートル》、堀の幅一・五〜三《メートル》、深さ二〜三・六《メートル》であり、その堀底から土塁までの比高差は何と五《メートル》にも及んでいる。なお、その南東側の折れ部分で、中国産(景徳鎮窯)磁器の青花大皿と国産瓦質土器の鍋が出土している。

北曲輪　主郭への大手道を上り詰めると、主郭部大手の直前に西へ分岐する箇所があり、そこに設けられた石段を進むと、北曲輪へとたどっていくようになっている。つまり、この曲輪は主郭の北隣りに配置されているのである。しかし、同じ頂部の敷地内にあることや両区域を大きく隔てる構築物なども存在していないことから、ひとつの独立したものではなく、主郭に付属する空間として設定されていることが想定される。

そこで、石段を上がった内部をみてみると、石列（あるいは、簡易的な建物の遺構か）と玉石敷・旗竿石（手水鉢）・大石が点在しているだけであり、他に建物の痕跡などもなく、まったく何の施設も置いていないという状況が確認できたのである。さらに、あちらこちらに据わる大石は一メートル《メートル》を越すものも多く、かなりの重量を感じさせる大きさであり、それらが人為的とは思えないほど、ごく自然で自由な石の配りをみせることから、一帯が居住空間ではなく、いわば、まったくの庭園としての趣を示していることも推定されている。つまり、秀治の居住空間である主郭と一体的に機能していた遊興の区域だったのであろう。なお、ほぼ中央と東端部に位置する石には穴が穿たれており、いわゆる手水鉢（旗竿石）の形状をなしている。

また、この曲輪の北端部には、幅一九メートル《メートル》の範囲に石垣を構築し、六メートル《メートル》ほど北へ突出させたテラス状の場所も設けられている。この曲輪の自然な風情を感じさせる造作とはやや異質であり、土塁を主体とした頂部一帯の曲輪のなかでもやや異例である。遺構は何も確認できなかったが、その正面が名護屋城と向き合っていることも何か関係しているかもしれない。ひとつの見栄を感じさせる、そのような行為である。

東曲輪　麓から延びる大手を上っていくと、右手前方に主郭・北曲輪が広く占有しているのであるが、反対の左手にも、単独でひとつの曲輪が置かれている。しかし、大手の道で隔てられているとはいうものの、この一帯で確認された遺構の状況をみると、やはり、主郭と強く関連した空間として設定されていたことがうかがえるのである。

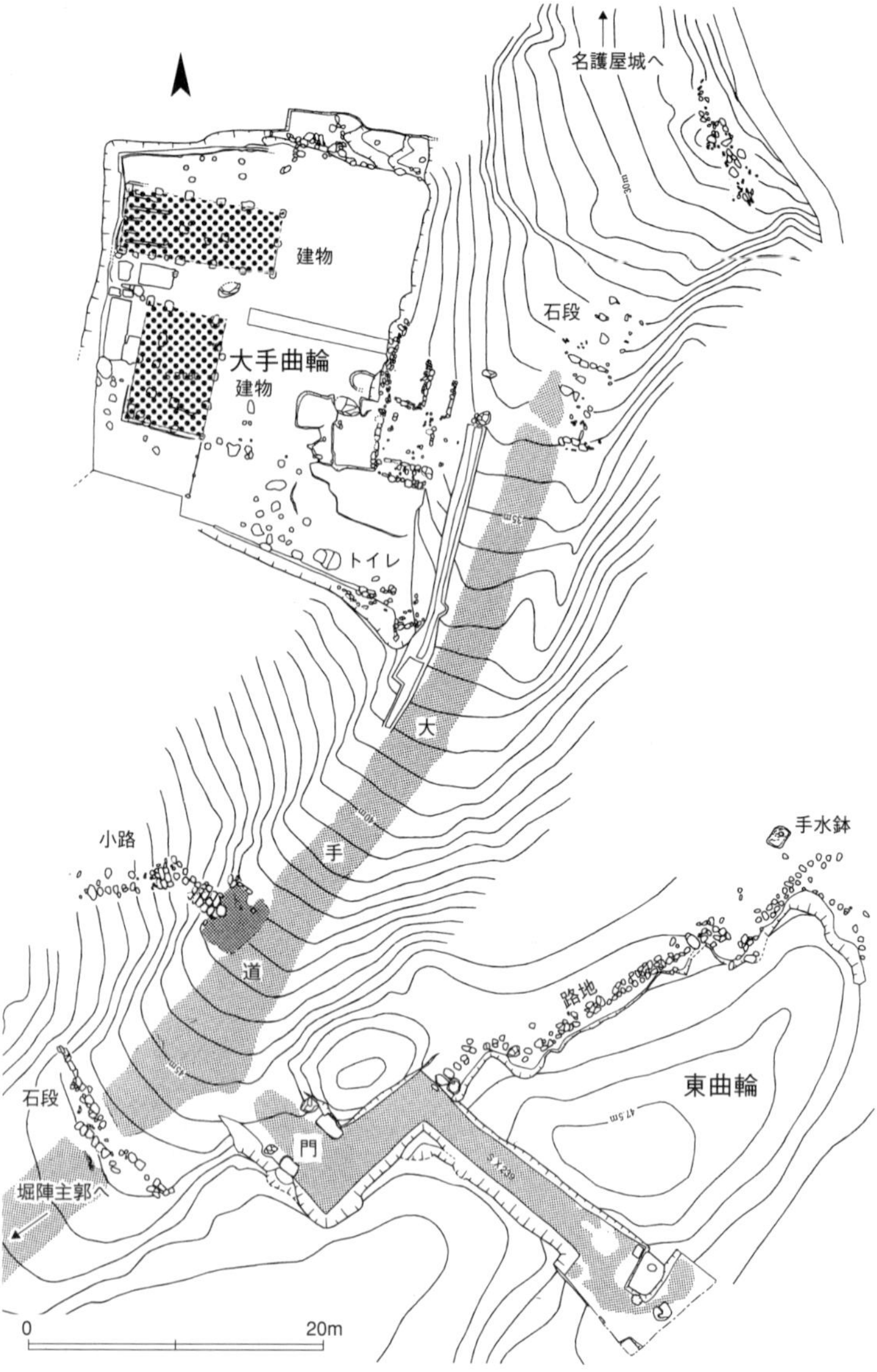

図63　大手道・大手曲輪・東曲輪の遺構配置

その遺構としては、かなり規格的に設定した通路と、より遊興的な風情をもった路地の、それぞれ趣の異なる配置が最も特徴的である。

通路の設定

大手道から東へ折れて進むと、まず、門が配置されている。四脚門であり、門幅を約三・六メートル、控えを一・五メートルとしている。その配置構造から、薬医門あるいは高麗門の形式と思われるが、やや変わっているのは、主柱を掘立柱としているのに対し、控柱は礎石を置いていることである。そして、この門を抜けると左へ短く折れ、さらに、その先で通路自体は右へとふたたび折れるが、この地点からまっすぐに延びる別の路地が設けられている。つまり、通路はひとつではなく、二方向に分岐しているのであり、単に路地の配置だけを目的とはしていないことがわかる。

道をたどると、その主たる通路の方は、そのまま低い丘陵部を分断する形で堀切状に西から東側へ突き抜けている。しかし、その抜けた地点でも、目隠し的な小山を残して正面を遮蔽しており、なぜかさらに折れを配しながら通すなど、短い距離のなかで複雑な経路としている。道幅は、東西両端の折れ部分では三メートルを採るが、中央の直線路では二メートルとやや狭くしている。また、その全面にはすべて小さな玉石を敷き詰めている。

なお、その先にも空間が広がっているが、調査を実施していないため、不明である。

路地の在り方

通路から分かれ、丘陵の西から北側へと延びる路地は、まったくその趣を変えている。ひとつは、通路と同様の玉石敷とはせずに、すべての経路を飛石あるいは延段で構成していることである。さらに、それらの配置に当たっては丘陵の傾斜面をやや削るに留めており、自然地形を残しながら造るという意図

図64　北東上空からみた堀秀治陣跡

も見受けられるのである。

道筋も直線路ではなく、途中の二カ所で折れを造って進み、さらに、その北端で二方向に分岐しており、最終を確認できないが、それぞれに延びつづけるというものである。そして、その経路の伝い方に合わせたかのように、それぞれの構成も変えており、最初の折れまでは飛石で、北端の分岐点までの長い途中は延段で、その先からはいずれも飛石というような造り方をしている。その延長は三三《メートル》以上にも及んでおり、とても簡易的なものではない。また、延段も最初の箇所は〇・九《メートル》の幅だが、折れの後は〇・七五《メートル》とするなど、計画性もうかがえる。さらに、その路地北端の分岐点西側には、やや離れて、手水鉢（旗竿石）が置かれているのである。このような区域全体の状況をみると、北曲輪と同様に、東曲輪もまさに遊興的な空間を目的として構築されたことが、あらためてうかがえるのである。確認された遺構の様相からは、あるいは茶室の存在さえも解釈できるかもしれない。

大手道

丘陵の北側には、広く大きな谷状の地形が入り込んでいるが、それを大いに利用して、麓から頂部の主郭へいたる堂々たる通路が構築されている。主郭部に通じる他の通路と比較すると、その規模は格段に上回っており、さらに、この通路を下った真正面の方向には名護屋城をのぞむこともできることから、登城を強く意識した本陣屋の大手と考えられている。

道そのものは、麓からゆるやかに曲がりながら延びており、途中の二カ所に石段を配置する以外は路面すべてを玉石敷の坂道として、構築している。そして、上りきった先では、主郭大手口の門へとそのままつながっている。その間の比高差は約二五メートル、道幅は平均七～八メートル、総延長は約一一五メートルにも及んでおり、他の諸陣跡にはまったくみられないほどの規模を有している。

大手道から分岐する小路

この大手道には、その途中から脇に分かれる路が二カ所に設けられている。ひとつは、前述しているように、東曲輪へつづくものであり、出入りの門を配置し、折れを設けるなど整然と構築されている。しかし、その少し手前から反対側の北曲輪の方向へ延びる小路は、大手道から直接に石段と飛石で設定されており、唐突な感じで配置されている。その構築をみると、始点の箇所では、斜面の北および南側を石組みで止めて、石段の上がり口を平坦にし、さらに、その一帯には他の箇所とは異なる偏平な丸石を選んで敷き詰めるなど、かなりていねいな造りである。つづく経路についても、石段から飛石、飛石から石段、そしてふたたび飛石としており、かなり考慮された伝いの設定であることがわかる。

しかし、この先につづいているであろうなんらかの遺構をまったく確認できていないために、これら全体の小路がどこを目的として造られたのか、またその造作の意味は何なのかなど、すべての意図が不明のままである。なお、この方向で進んでいくと、北曲輪の北側あるいはその先にある旗竿石にいたる。

大手曲輪

大手道を登坂し始める麓のその右（西）側において、丘陵の傾斜地形を大規模に切り取るとともに、その土砂を道側の低い箇所に盛土する地業を行うことで、ひとつの平坦な曲輪が構築されている。その広さは、南北幅二〇～二八メートル、東西奥行約二一・五メートルで、奥をしだいに狭くし、平面を台形状とする。さらに、それら掘削した北・西・南の各面の裾には排水のための溝も設置するなど、かなり計画的な曲輪構築がうかがえる。

その東側に開く曲輪の中央やや南側に、大手道から出入りする石段を設けている。それを上がると、内部には建物を中心として、土壙・飛石・排水溝・柵列・トイレなどが配置されているが、そのトイレ以外は曲輪西半に置かれた建物の周辺にほぼ集中している。

建物は南北に並ぶ二棟であり、本陣跡のなかでは唯一の掘立柱構造を採っている。北側は二間×五間（三・九六×九・八八メートル）の東西棟としており、大きく削った西側傾斜面にほぼ接して置かれている。柱穴に柱痕を確認できるが、〇・一四～〇・二〇メートル程しかなく、かなり細い材木を使っていたことがわかる。また、その建物内部の地面に建物と並行にはしる細い溝が六条みられる。重量を支える床の根太構造のものであろう。それから二・八五メートルほど離れた南側に、もう一棟の南北棟が建てられている。その規模は、身舎が二間×四間（三・六四×七・四六メートル）で、その西側に一間（幅一・二八メートル）の庇を付属するものである。この柱穴付近では、丸瓦が出土している。

柵列は、この建物の南東隅からそのまま南側壁まで延びており、この建物空間を遮蔽する役割を果たしている。土壙も三基設置され、そのうちの二基は両建物の間に、残る一基は南側建物の西側（西側壁際）にそれぞれ掘り込まれており、建物の周囲の狭い空間に、かなり意識的・計画的に配されている。その規模は一定していないが、素掘りで平面が長方形であるなどの状況も類似しており、建物に付随するなんらかの機能を有していたことは確かであろう。飛石も、この南側建物の裏手（西側）にあり、土壙付近から伝っている。しかし、トイレはそれら建物群からやや離れ、曲輪南東隅に配置されている。その構造は、楕円形土壙（長径一・二四メートル、短径一・〇一メートル）の両側に石を置き、中央をあけるものである。

　以上のように、この曲輪が相当の役割をもって、大手筋に構えられたことがわかる。その建物の存在は、大手からの進入の警護あるいは厩などの想定も可能であろう。しかし、出土した遺物は中国産磁器（青花碗・白磁皿）・朝鮮国産磁器（皿）・瓦と、なぜか江戸時代の陶磁器類（上部の北曲輪からの流入か）だけであり、その確定はまったく困難な状況である。

北西曲輪

　本丘陵のなかで、主郭が置かれた頂部から北西方向に低く延びる尾根があり、その一帯に構築された曲輪を北西曲輪としている。ここで確認された遺構の諸状況をみると、まったくの単独で機能していたものではなく、明らかに主郭に付属する区域であり、そこに居住する秀治の生活空間のひとつとして設定されていたことが強く推定される。ところが、主郭部との間は二条の堀切で隔てられており、そこに土橋あるいは木橋などの通路の遺構を確認できていないなど、両曲輪をどのように連絡していたのかがわからないという課題も残されている。

　さて、それらの遺構の構成状況であるが、まず、「土造り」を主体とした主郭や他の曲輪と異なり、曲輪全体を低い石垣によってそれぞれ構えることとし、その平坦な区画を最上部から斜面にかけて三〜四段造っている。つまり、ほぼ切り

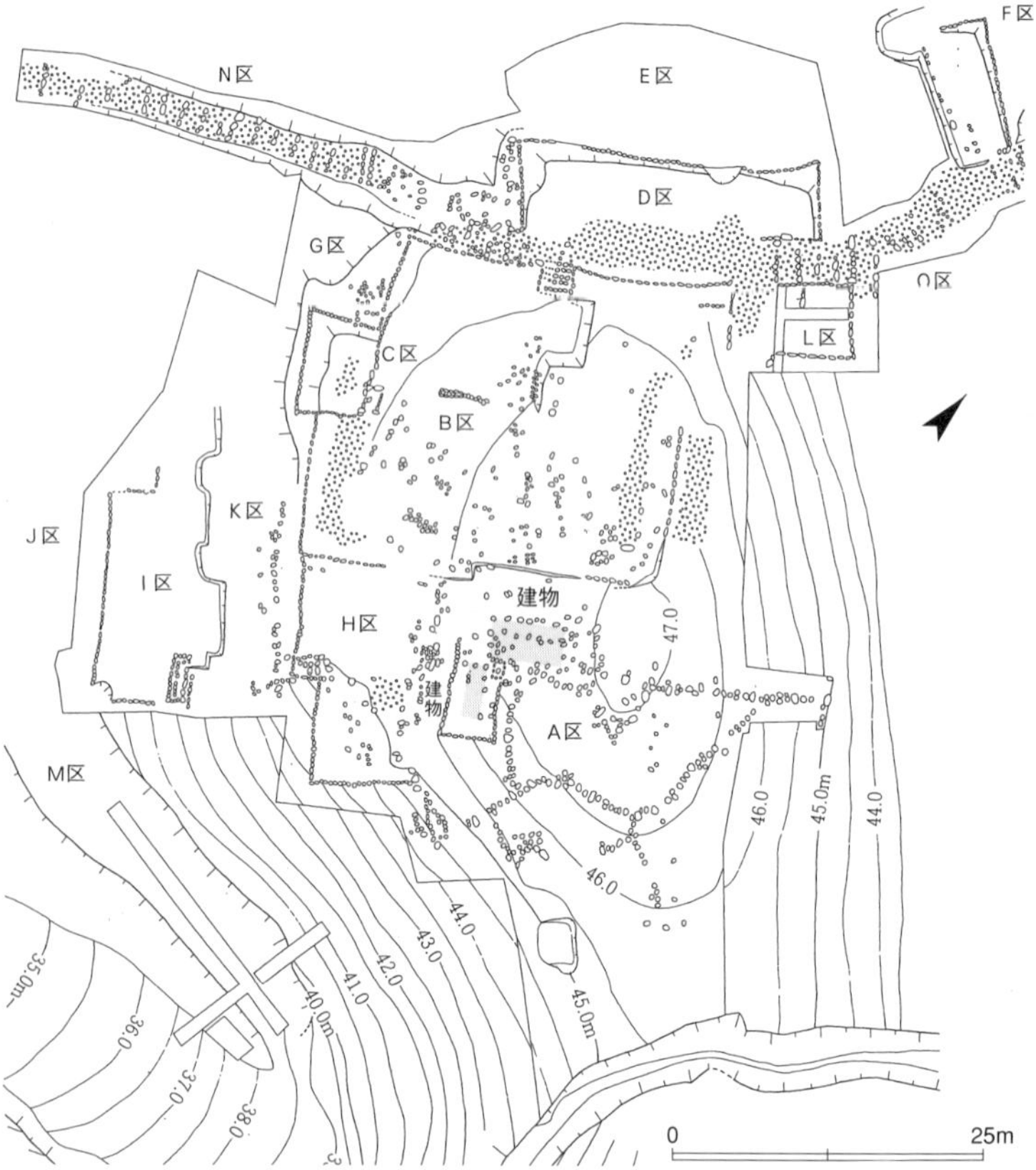

図65　北西曲輪の遺構配置

土・盛土による造成であり、一部を除いて自然地形を残している箇所はみられない。ところが、これほどの整然とした区画を設定しているにもかかわらず、それらの内部には、中央部に置かれた建物群の他は、飛石と玉石敷、それに各区域の間を連絡する石段が配されているだけであり、「石垣構築」とはまったく対照的な「趣」をもった異空間の様相を示している。

少ない建物跡　曲輪の中央部南側が最も高い区域であり、その北端の最高所一帯と北側および西側の一段低い別の区画に数多くの礎石が集中している。つまり、そこが中核となる場所のようであるが、いずれも原状を留めていないものが多いことから、建物の規模あるいは構造を確定することはむずかしい。

しかし、何とか残る礎石から推定すると、最高所にはL字形の配置の建物が、また下段側には別の一棟の建物が、それぞれ置かれていたようである。前者の建物は、あるいは矩折れでつづく一棟になるかもしれないが、別々の二棟の可能性が高く、石垣に囲まれた南側建物は二間（二メートル）×四間（四メートル）か五間の南北棟で、北側建物は三間（三メートル）×八間（八メートル）の東西棟であろう。そして、この建物を始まりとして、縦横にはしる飛石があちらこちらに延びている。そのなかには、北あるいは南の斜面を下っていくものや東の主郭の方に進んでいるものもあり、それぞれの方向になんらかの意図をもって、配置されていることもうかがえる。次に、西側下段の建物であるが、本曲輪で最も広い区画である中央部に置かれている。しかし、礎石が散乱した状況がみられるだけであり、原位置を保っているものはほとんどなく、建物の規模などはわからない。西側も同様の状況であり、確定できない。

主体は飛石

本曲輪の特徴を示す遺構は何かというと、それは飛石である。いま、二カ所で確認することができるが、その最高所の中心建物にともなって配置されているものは、さらに異例の様相をみせている。それらは、建物の東側にかなりの広範囲にわたって自由気ままに置かれており、ある地点では分かれたり、またひとつとなって進んだりと、決して規則正しい伝いとはしていないのであり、その趣をもった展開は、逆に飛石の方が中心的な施設ではないかとさえ思わせるほどである。つまり、この曲輪を設定する意識・意図がここに強く示されているようにも感じられる。このような曲輪の構築は、これまでにも他の陣跡にはうかがえないものであり、いわば個性的な発想ともいえそうである。

もう一カ所は、南西側の斜面を下った区域にみられる。中心部から斜面を石段などで下りていくと、飛石がそこからほぼまっすぐに延びている。その先に、なんらかの建物が置かれていたものと推定されるが、後世に大きく削られており、判明しない。しかし、玉石敷ではなく、飛石という配置からは、やはり、なんらかの趣をもった建物などの設定が想定される。

延々とつづく通路

北西曲輪には、中核の主郭側と区域先端（丘陵北西端）の二カ所に、それぞれと連絡する通路が配置されている。前者の主郭から通じる通路としては、主郭と北曲輪との間の谷部から延びているものがそうである。構築に際しては、傾斜面を一段掘り下げているが、石段などはみられず、ゆるやかに下る坂道としている。その道幅は約五メートルとやや広く取り、両側の路肩には低い石垣を構築して留めるなど、整然とした道である。しかし、その経路をたどると、北西曲輪が置かれた丘陵の北裾をさらに下っていっており、この道そのものが、直接的に曲輪上部へとつながっているのではないようである。一帯の状況から判断すると、その通路から分岐し、北側斜面を上る飛石の脇道によって、内部へと進入していくように設定されている。

ところが、もう一方の曲輪北西端に配置された通路は、南北両側の丘陵裾部から比高差二〇メートルほどを延々と連絡しているもので、陣屋外部からの進入路ということもあって、主郭大手と同様に相当の規模をもって構築されている。さらに、その防御ということのためか、直接に中核の区域へ取り付かせるということはせずに、曲輪先端に一定の区域を設け、そこで通路をいったん受けるという縄張りを採用している。しかし、石段と玉石敷で構築されたそれらの通路には、やや違いがみられる。それは、北側の通路には、途中の東脇に石垣で構築した小曲輪をさらに設け、なんらかの施設を配置しているのに対し、南側は麓からほぼ真っすぐに七〇メートルほどもただ上がってくるだけであり、その周囲には他に何も置いていないのである。つまり、北側よりも防御的な意識は弱いように感じられる。

西曲輪　丘陵頂部からは、北・東・北西、そして、この西方向に尾根が派生している。先述のように、前者の尾根にはいずれも明確な曲輪が構築されており、おのおのの利用目的をうかがわせる遺構がそれなりに確認されている。しかし、この西曲輪とした区域においては、かなり平坦な区域の広がりはみられるものの、他の曲輪ほどの区画や遺構の状況はなく、遺構の密度も低い。その曲輪内部には、意味不明の敷石遺構と小穴が点在するにすぎず、曲輪としての利用の度合いは低かったとも想定される。一方、この曲輪と主郭部との間には堀切とそれに付属する土塁が一条はしっているが、その東側（主郭側）には敷石やトイレの遺構を確認している。

本陣屋の総括　堀秀治陣跡に関しては、以上のような状況がおよそ明らかとなっている。それらのことから、丘陵上の平坦区域は、居住空間の主郭を核に、北・東そして北西に構えられた各曲輪すべてが、秀治のための遊興空間として造作されていたことが判明した。つまり、これほどの広域な陣屋が何と大名個人のものとして占有されていたのである。それも、館だけではなく、茶室・路地・庭園そして能舞台までも備えた「陣屋」の在り方からは、渡海を控えた臨戦体制という緊張感をまったくうかがうこともできない。どちらかといえば、全国から集結させられた諸大名との、日々の社交の場として意識しているかのような構築である。

しかし、その一方で、彼が率いてきた三千あるいは六千名ともいわれる大勢の兵がどこでどのように暮らしていたのかは、まったくわかっていない。この丘陵において、秀治の生活区域と設定された曲輪部分をすべて除外してみると、あとは傾斜面しか残っていないが、その居住のための平坦な造作は、周辺にほとんどみられない。

5　その他の諸大名陣跡

これまで紹介してきた大名陣屋については、その推定される陣跡のほぼ全域を対象とすることで全容の解明が進められてきた。それらの様相をみると、当然のことながら、諸大名それぞれの考え、いわば個性をもって陣屋全体を構成していることが理解できよう。

さて、その他にもいくつかの陣跡について、部分的ではあるが発掘調査を実施している。ここでは、それらの陣跡で確認されたさまざまな遺構のなかでも特徴的なものをピックアップし、「陣屋の構築」と「諸大名の個性」の問題に関して、さらに、その実態を確認していくこととする。

木下延俊陣屋のトイレ　木下延俊は、豊臣秀吉の正室「おね」(北政所)の甥にあたる大名で、その姻戚関係もあってか、名護屋城の周辺に位置する陣屋のなかでは最も城に近く、また、城の防御面からも重要な場所である大手口の前面に陣屋が置かれている。

図66　木下延俊陣跡の雪隠跡

一帯は標高八二メートルほどのやや狭い小丘陵であり、その頂部東側に一メートルほどの低い石塁を周囲に巡らせ、曲輪を構築している。規模は小さく、東西六五メートル×南北四八メートルほどの広さしかないが、その南西端に設けられた出入りの虎口空間が枡形の構造を採用している点と陣跡の広さに対して大規模である点（二八×一九メートル）が、この陣跡のひとつの特徴である。その内部では建物跡・飛石・玉石敷、そして雪隠跡が発見されており、小規模ながらも当時の様子をうかがうことができる。

雪隠跡は東側石塁近くに単独で置かれている。平面は隅丸長方形に造っており、長さ〇・七五メートル×幅〇・四メートルと規模は小さい。四囲の壁は自然石を二〜四段ほど積み上げて構築しているが、その東壁上部にはやや大きめの板石を配置している。また、床面には海砂が全面に敷かれていた。土壌分析の結果では、トイレとしての使用痕を検出することはできていないが、他に堀秀治陣跡・木村重隆陣跡・氏家行広陣跡でも同様の遺構が確認されており、やはり「雪隠」であろう。

古田織部陣屋の露地

古田織部は、織田信長に長く仕えていた武士であるが、本能寺の変（一五八二年）の後は、豊臣秀吉に従っている。しかし、高山右近・細川忠興・蒲生氏郷などとともに千利休に深く茶の道を学んで

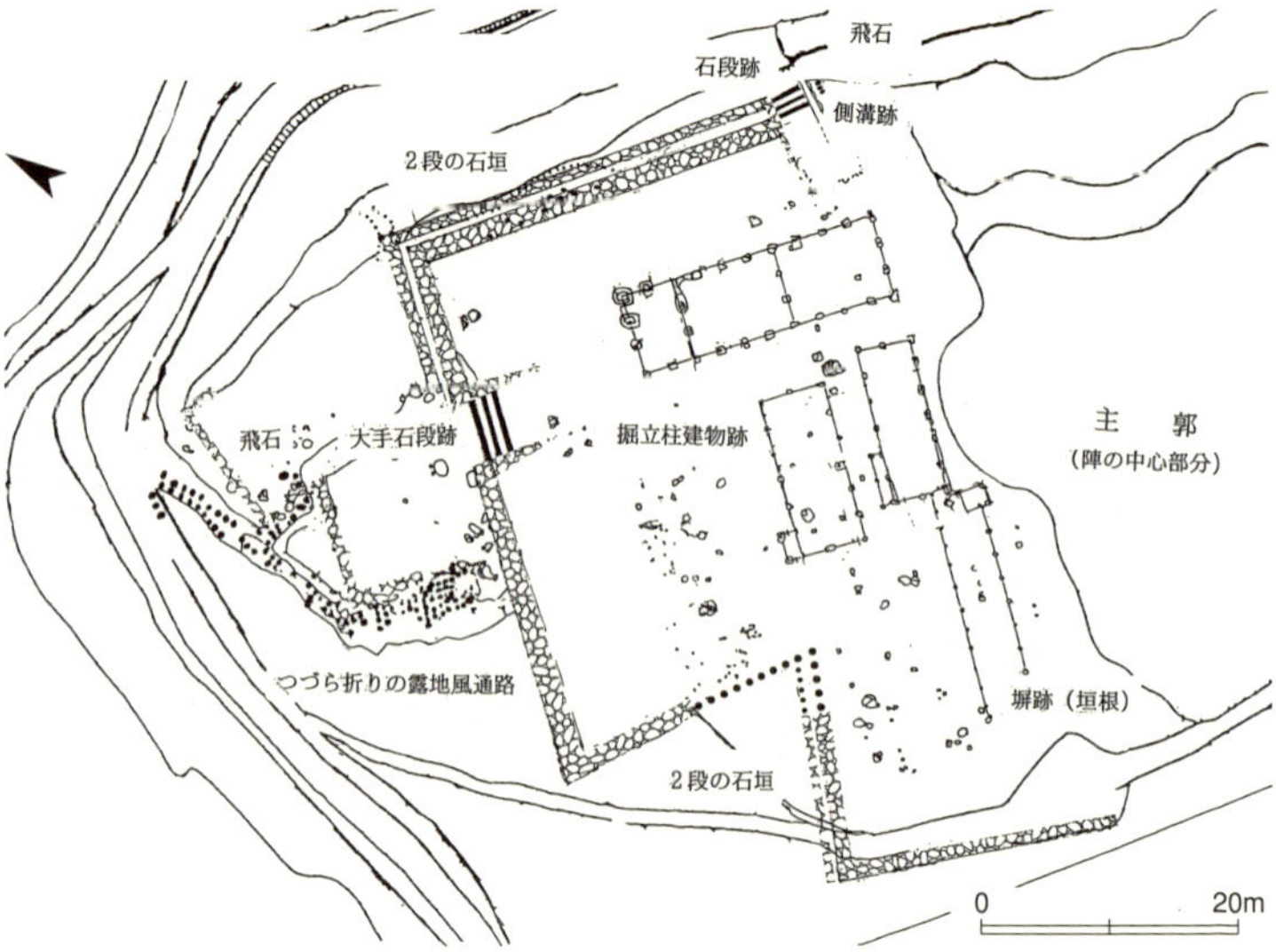

図67　古田織部陣の遺構配置

おり、武人というよりも茶人として著名である。そして、利休の死後は武家の茶道を確立・発展させ、徳川秀忠・小堀遠州・本阿弥光悦などにそれを伝授していたことでも知られている。ところが、大坂夏の陣の直後、豊臣方に内通して謀反を企てたという罪で自刃させられている。なお、いわゆる「織部焼」や「織部灯籠」の創作者でもある。

この名護屋においては、豊臣秀吉の御伽衆として務めていたようである。そのこともあってか、彼の陣屋は名護屋城の南方約五〇〇《メートル》の小丘陵に構築されており、諸大名のなかでも城にかなり近い場所を与えられている。

発掘は、主郭部（中心区域）ではなく、それから西側へ一段下方に配置された曲輪一帯を対象として実施している。まず、曲輪内部では計三棟の掘立柱建物跡と二条の塀（垣根）跡を確認している。それらの配置をみると、曲輪の中央よりやや北側に三×一〇間（六×二〇《メートル》）の大型建物一棟を置き、その南側に二×六間（四×一二《メートル》、五×一二《メートル》）の建物二棟を東西に並べ、さらに、その東棟の南に塀を取り付けているものである。

ところで、この区域で注目されるのは、ここへの出入口・通路の構造である。北東隅と南側、そして、西側中央の計三カ所にそれぞれ設置されているが、そのうちの西側のものに大きな特徴がみられる。現状では、通路は丘陵裾から斜面を折れながら三二《メートル》ほど延びているが、それには始めに飛石を用い、つづけて石段、そして敷石を次々と配して構成しており、かなり風情・趣をもった露地風の構造で造っているのであり、他の陣屋の虎口空間の例とはまったく異なっている。さらに、その正面の石垣には鏡石積みを多用したり、側面の石垣も二段で構築するなど、やはり、他の陣跡にあまり類例がみられない特異な石垣の技法も採用しているのである。つまり、これらの構築手法からは、茶人としての織部の個性が十分に感じられる特徴的な状況を示している。

木村重隆陣屋のトイレ

早くから豊臣秀吉に仕えていたと思われ、明智光秀との山崎の合戦や柴田勝家との賤ケ岳の合戦にその名を見ることができる。その後、越前国府中城主となり、九州平定・関東平定などに参加、文禄の役では渡海もしている。しかし、一五九五（文禄四）年、謀反の疑いをかけられた豊臣秀次に連座し、自刃させられたようである。

陣屋は、名護屋城から南西方に約六〇〇《メートル》離れた小丘陵上に置かれている。その頂部を中心とし、北・西・東の斜面を次々と削平することで平坦な曲輪を数段ずつ造り出しているが、なぜか東側の曲輪の一部だけを石垣で構築している。石垣

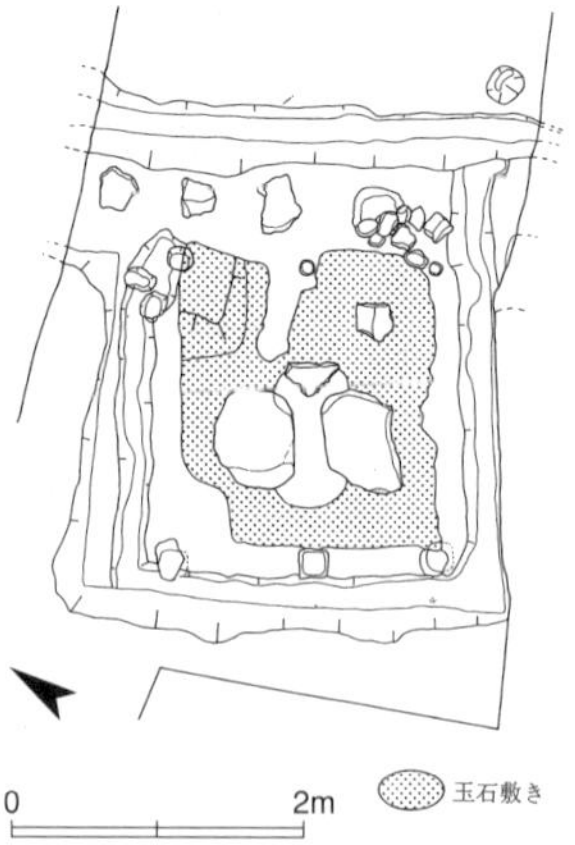

図68　木村重隆陣のトイレ遺構

は、自然石を用いて三メートルほどの高さに築き上げており、みごとな野面積みである。

　その北側の曲輪において、整然と設定された雪隠の空間が発見されている。一帯の構築を確認すると、まず、飛石がひとつひとつ伝い、その先の斜面が約三メートル四方の範囲で削り取られ平坦地となっている。壁際には、幅〇・二五メートルほどの浅い溝を廻らせている。その床面の内部には玉石を敷き詰めており、四隅（一・八×二メートル四方）に柱穴も配されていることから、上屋（建物）を設けていたようである。そして、この狭い空間のなかに雪隠を配置している。雪隠自体はやや奥側に置かれており、素掘りの便槽の左右（東西）両側に踏み石を、また、北側に金隠しの用をなす平石をそれぞれ配置している。このように、かなり風情ある単独の施設であり、他の堀秀治陣跡や木下延俊陣跡の例とは趣を大きく違えている。あるいは、茶室空間にともなうものかもしれない。

氏家行広陣屋の兵舎群

　氏家行広は織田信長の長子信孝の家臣であったが、本能寺の変の後は豊臣秀吉に仕えている。文禄の役当時は伊勢桑名城主（二万二千石）であり、兵一五〇人を率いて弟行継とともに名護屋に駐屯している。ふたりの陣屋も隣合っている。

　彼の陣跡は、名護屋城の北西方約一・三キロの起伏の少ない平坦な丘陵上に推定されているが、丘

図69　氏家行広陣の建物配置

陵頂部一帯には足利義昭（室町幕府一五代将軍）が座っており、その南西側斜面にこの氏家行広が駐屯するという配置関係にあり、行広ひとりで丘陵全域を占有してはいない。つまり、状況としては義昭に従うような形を採っており、これまで示してきた徳川家康・前田利家の陣跡などのように、ひとつの丘陵（地形）をひとりの大名が占有する状況とはやや異なっている。

　その義昭と行広との立場の違いも反映しているのか、行広側の区域ではいくつかの興味深い状況を発見している。まず、丘陵北側に土塁を、そして南側丘陵裾には溝を巡らせ、陣屋の中核部を囲い込んでいるが、その溝の延長は一五二《メートル》（幅一・五《メートル》前後、深さ一《メートル》ほど）にも及んでおり、明確に陣屋の内外を区画している。そして、その溝の二カ所を断ち、簡素な門を付属する土橋を出入口としているが、その進入した内部の曲輪空間では、尾根平坦部だけではなく、斜面上にも点々と建物が置かれており、一時期ではなく改造をともなうものの、これまでで最多となる二五棟もの配置がみられたのである。ところが、そのすべてに掘立柱建物の構造を採用しており、堀秀治陣跡や豊臣秀保陣跡などのような整然とした礎石建物（御殿群）をまったく造っていないだけでなく、その多くが梁行二間の長棟建物をなすなど、それらのなかに突出した空間を見出せず、どの建物が行広自身の居館だったのか判断できないような平均的な状況を示している。一応、行広の陣跡とはしているものの、以上のような諸相からみて、どちらかといえば兵舎的な機能を主体とした区域ではないかと想定されている。

これまでの陣跡の調査では、大名自身の居住空間だけが解明されてきたのであるが、十数万ともいわれる将兵の名護屋滞在の状況についてはほとんど不明であっただけに、貴重な事例として検討されよう。なお、一帯ではトイレ遺構ではないかと推定される土壙もいくつか確認されているが、その土壌分析の結果からは疑問もある。

Ⅵ　特別史跡「名護屋城跡並びに陣跡」の保存整備

1　大名陣跡の整備

一九七六年度に本格的な事業に着手して以来、すでに三〇年あまりの長い時間が経過している。その間に名護屋城跡や諸大名の陣跡などでおもに実施してきたのは、実態がまったくわかっていない遺跡そのものの発掘調査であるが、その進展にともなって、具体的に解明されてきた遺跡を対象とした保存あるいは整備の作業も徐々に進んできている。その保存・整備の事業計画に関しては、施工箇所および実施内容の点からみると、以下に述べるおよそ三段階のステップを経て、現在も継続中である。

まず、その第一段階であるが、当初は名護屋城跡ではなく、周辺の大名陣跡を対象として発掘調査を実施し、そして、保存整備へと進んでいる。最初から中核となる名護屋城跡を計画目標としなかったのは、遺跡群全体の様相がどうなっているのかまったく把握できていない段階では、遺跡の最重要拠点へ早急に着手すべきではないという判断があった。つまり、周辺の大名陣跡での発掘・

図70　整備された豊臣秀保陣跡

整備を経験していくなかで、名護屋城跡は将来の検討として計画していくこととしたのである。

さて、その一三〇カ所以上もの陣跡群（うち、特別史跡は二三カ所）のなかで、現在までに、とくに広範な整備を実施したのは豊臣秀保陣跡・堀秀治陣跡・木下延俊陣跡、そして加藤嘉明陣跡のわずか四例であり、その他には古田織部陣跡において遺構保存と石垣修理をある程度の範囲で行っているにすぎない。これは、ひとつには陣跡の規模が広範であることにも因っており、たとえば、豊臣秀保陣跡では一九七八～一九八三年度の六カ年を、堀秀治陣跡では一九八一～一九九一年度の一一カ年も要しているのである。

以下に、それらの整備状況を示していくが、陣跡の数・面積ともに相当に存在していることから、画一的に同様の整備手法を採用するということはせずに、それぞれの遺構の実態・内容や陣跡を取り巻く周辺の自然環境なども勘案し、さまざまなかたちで表現することをひとつの基本としている。

豊臣秀保陣跡

ここでは、遺構の保存に主眼を置いた整備をめざした。発掘調査で確認した遺構は、すべて埋め戻して保存し、その成果と同様の状況を上面の同じ位置に表示している。手法として、建物部分には礎石石材とその間をつなぐ界線を据え、その内部に土系舗装（ソイルセメント）を施すことで、当時の建物の規模を示している。その前面の庭園部では、ほぼ同じ大きさの玉石を敷き詰めて表している。また、周囲を取り囲む石塁は、構築当時の高さに復元することはせずに、現在の残存している状況をそのままに伝えることとし、最小限の補修に留めている。

ただ、ここでの整備上の検討課題として、「石塁で限定された一定の空間のなかで盛土工法による遺構保存を採用していることから、整備の地面が当時よりも最大で五〇チ《セン》ほども高くなり、全体の印象としては中央部がやや高まったようなイメージを与えそうなこと」が、ひとつの難点として報告されている。

堀秀治陣跡

豊臣秀保陣跡での整備方針とは異なり、遺跡の保存上の支障がないかぎりにおいて、発掘調査で発見した遺構の状況をその原位置で表面に出して伝えることとしている。つまり、本物をそのままみせる手法を採ることを基本とし、建物の礎石・飛石・石段・延段、そして庭園などの陣屋の主要な遺構を発掘当初のままで示して、一般の来訪者だけでなく、研究者の現地確認・検討も可能となるようにと考慮している。

しかし、玉石・玉砂利などの動きやすい遺構は埋め戻して保存したうえで同様の材料を用いて表示し、また、建物の規模をわかりやすくするために、礎石の間に石材を用いて界線を引くとともに、主屋本体と広縁などの範囲にはそれぞれ色彩を違えた天然素材の砂利を用いるなど、その構造・配置の区別を示すための措置として新たな素材を使用している。

本陣跡の全体的な整備に関して最も留意した点は、遺構の露出表示とその保存対策という課題であるが、能舞台の箇所では礎石と周囲の玉石敷と

図71　整備された木下延俊陣跡

のレベルがほとんどない状況であったこと、そして大手曲輪では素掘りの掘立柱と土壙であったことから、この二カ所だけは遺構全体の保存を最優先として、すべて埋め戻しの措置を採っている。

木下延俊陣跡

名護屋城博物館の裏手（南側）の丘陵部一帯に構えており、博物館に最も近い大名陣跡である。遺構の残存状況もおよそ良好であったことから、「大名陣跡の風情を博物館への来館者に実感していただくこと」と「博物館周辺の自然環境も維持する」というふたつの基本姿勢をもって、保存・整備を実施している。

その主旨から、対象地域に育った樹木を伐採することは極力抑え、自然な林のなかに残る遺跡の現状をそのまま散策できるような手法を採用している。つまり、約一三〇カ所の大名陣屋が四〇〇年の歳月を経て、この地域のなかでどのように残っているのかという実状を感じ得るための一例として、整備を進めている。

具体的には、まず、見学者は遺跡に設定された園路（木製）に従って進み、遺構面には直接に足を踏み入れないこととしている。また、遺跡も基本的には現状のままとしているが、遺構がどのような状況で埋まっているのかということとおもな遺構の箇所だけは示すという観点から、飛石・建物跡・トイレ跡などは部分的に区画して露出させ、整備・活用している。

2　名護屋城跡の石垣修理

次に、整備の第二段階として計画したのが名護屋城跡の石垣修理であり、一九九八年度から着手し、現在も継続して実施している。最も重要となる基本方針は、「名護屋城がたどってきた歴史を最も重視した修理」としている。つまり、名護屋城は豊臣秀吉が築いた城ではあるが、文禄・慶長の役の後に破却された歴史を鑑みて、「築城から破却までの現地の実態をそのまま後世に伝える」ことを大前提に検討を重ねており、「秀吉が築城した当初の姿にすべて戻す」ことは原則として行わないこととしたのである。実際の修理箇所としては、城の破却の影響によって崩落する恐れのある危険な石垣をおもに対象としており、現在までに山里口・遊撃丸・搦手口・本丸大手・大手口・三ノ丸櫓台・馬場櫓台・本丸南西隅・上山里丸・二ノ丸・船手口などで工事を行っている。

まず、修理に際して事前に必要な作業として、対象となる名護屋城跡の石垣の特徴を把握することが大前提であり、その検討を進めたうえで工事に着手することが求められた。最初に、その基本となる構築技術を紹介することとする。

名護屋城の石垣の特徴

名護屋城跡の石垣群については、歴史的には文禄〜慶長年間のわずか七年余という限られた時期の構築であると推定されている。したがって、石垣自体の構築技術に関しても、ほぼ同様の様相を示すであろうというのが一般的な考え方であろう。しかし、この名護屋城跡の石垣の全容を把握するために悉皆調査をつづけていくと、各曲輪・各区域・各石垣面の積み方にはかなりの違いがみられ、同一・同様の構築技術を使っているわけではなく、また、鏡石積みや縦石積みなどのような特殊な技術を区域の要素（たとえば虎口や門）によって違えているというわけでもないといった点などが明らかになってきている。つまり、根本的な構築技術そのものが異なっていることが認められるのであり、それは名護屋城跡の重大な課題として検討していかなければならないテーマのひとつであろう。

いま、その実態を概略してみると、名護屋城跡の石垣はおおむね「石材の加工度」および「積み方」の相違から、それぞれ判断していくことができる。最初に、「石材の加工度」という点に焦点を当ててみると、城域のほとんどの石垣は大小の自然石を主体としながらも少しは割石が混在する程度の、いわゆる桃山時代の代表的な野面（石）積みとしている。しかし、その逆に、天守台・本丸・遊撃丸・三ノ丸・馬場櫓台などの一部の石垣には、自然石のままではなく、ほとんどの石材に矢を立てて割り、それらの割石を主体とした積み方も確認できるのである。とくに、その典型例である天守台の石垣については、「積み方」の状況も勘案してみると、桃山時代の石垣としてはまったく異様ともいえる様相を示しており、本当に当時のものであろうかと疑うほどである。

以下に、詳細を示していく。

隅角部について

まず、隅角部の構築であるが、そのほとんどは野面石あるいは粗割石を用いており、ノミ加工は行っていない。左右の引きは強く、また、ヤセ角の構築技術を使って角石を据えており、一般的な算木積み（第一形式）としている。しかし、いくつかの箇所で、それとは異なった技術を二通り確認できる。

ひとつは、角石に割った石材だけを使い、さらに、その控えの長さが短く、左右の引きも強くない石を選択し、それらで隅角部を構築する技術（第二形式）であるが、石材の据わり・安定性（強度）を重視する当時としては、隅角部を角脇とかかわらずに角石だけで単独に構成していくのは、やはり特殊である。桃山時代の技術としては、「石材の加工」「石材の形状」のいずれの点においても異例といえよう。これと同様の事例も少なく、周辺地域においても熊本市熊本城・松浦市梶谷城・大分市府内城、それに韓国に所在する倭城（熊川城・機張城・西生浦城・松真浦城・馬山城・長門浦城）などで確認できるにすぎない。そのなかでも、加藤清正による熊本城では、天守台

第１形式

第２形式

第３形式

図72　石垣隅角部のパターン

や本丸一帯の石垣にこの技術が多用されている。また、それらの角石を単に割っただけではなく、角の稜線を意図的に丸く仕上げていることも本例の特徴であり、この天守台・三ノ丸北面部、そして本丸に埋没する旧石垣の出角にはていねいな加工を確認することができる。これも、熊本城の天守台と本丸には多いが、その熊本城の支城である鷹原城では、積み上げる前ではなく、構築した後でわざわざ角石を丸めている事例も確認されている。しかし、この行為に関しては、石垣の構築そのものへの必要性がまったくうかがえず、なぜなのかがわからない。

もうひとつは、異例というものではないが、隅角部の構築に関する特殊な技術として広く認識されている積み方の採用である。これは、石材を安定する横長の配置ではなく、危険度の高い縦方向に意識的に据え置いていくものであり、いわゆる縦石積みとよばれている。この技術（第三形式）を使用している箇所は全国の城跡でもきわめて少なく、名護屋城跡では東出丸・山里丸・本丸大手の石垣の一部にわずかにみられるにすぎない。とくに東出丸の事例は特徴的であり、櫓台の東隅角部を構成している箇所では、石を三個も連続して立てて構築しており、安定性を志向する時期のものとしてはきわめて高度な技術を用いている。他の事例としても少ないが、韓国の熊川倭城では確認できる。

築石部について

次に、築石部であるが、角石の場合と同様に、石材を「自然（野面）のまま」か「割るか」ということで、大きく区分することができる。前者は、粗割石をある程度は使ってはいるものの、石材の多くは野面石を主体とし、それらを無理に据えようとはせずに安定した横置きで積み上げていくという技術

（A形式）である。これは、いわゆる穴太衆に代表される石垣構築の専門集団による、桃山時代の典型的な築石の例として認められるものであり、この名護屋城でもほとんどがこの技術を採用している。本丸南面と西面・二ノ丸西面・弾正丸一帯・大手道西側・東出丸・馬場南面・山里丸などがその典型例である。なお、この技術と対応する形で、隅角部の第一形式の算木積みが用いられている。

　次に、もう一方の割石を主体として用いた築石の場合であるが、事例としてはきわめて少なく、さらに、それには大きく分けて二通りの積み方が

A形式

B形式

C形式

図73　石垣の積み上げパターン

みられる。

ひとつは、横長の石材を意識的に選択し、それらを布積みで据え置いていくもの（B形式）であり、横方向への石の並び（横目地の通り）が強く、大きさもやや整えるなど、安定感のある石垣としている。事例としては、三ノ丸南東隅櫓台の東側と弾正丸東面の一部で確認できるにすぎず、いずれも石垣面の一部であることから、これにともなう隅角部はない。

もうひとつは、割った石材を布積みとせずにそれぞれの据わりが大きく左右に振れる、いわゆる乱れ積み（C形式）とするものである。とくに、天守台や本丸から水手を通る通路部分、そして、遊撃丸の石垣は斜めに置くだけではなく、その角を下方の石材にあてたり、縦方向に石材を立てて置いたりするなど、安定性に重点を置くというよりも、逆に石工衆が意識的に石材を動かしているのであり、まったく特異な状況を示している。前述の隅角部の第二形式にともなう状況とも相まって、この名護屋城のなかだけでの事例として把握できるものでもないのであろうが、しかし、桃山時代における石垣構築の変遷全体のなかで検討してみても、謎の技術としか考えざるを得ない技術である。同時期の倭城跡にもまったくみられない。これほど極端ではないが、乱れ積みという点と隅角部の第二形式を採るという点をとらえて、あえて類例を提示すると、熊本城天守台やその本丸一帯の石垣に確認できよう。

また、興味深いこととして、ひとつの石材を割って半裁したものをそれぞれ近接する箇所に置いている事例が多々みられる。それらを確認できるのは、遊撃丸・本丸東面・本丸大手・本丸北東虎口・二ノ丸西面内部・馬場・大手などであり、常陸国佐竹氏の家臣平塚滝俊の書状に記された

「御城の石垣なとも、京都にもまし申候由、石をみなわ（割）りてつきあけ（築上）申候」という状況の一端をうかがわせている。そして、割った石材のたがいがこれほど近在して確認できるということは、その割る作業が構築箇所に近い場所で行われていたことも推定できよう。同様の事例は、名古屋城・盛岡城・松江城（八代市）・小倉城にもみられる。

　さて、名護屋城跡の石垣に関しては、以上のような状況を概略として見て取れるのではないだろうか。そして、石垣修理事業としては、それらのさまざまな技術や各地点での現状などを踏まえたうえでそれぞれ進めており、その現状を以下に紹介する。

図74　近接して使用された割石

本丸南西隅

　石垣が崩落しかけており、落下するほどの危険性が確認されていたことから、修復に着手することとした。しかし、当該箇所の隅角部とその北隣の築石部のいずれもが破却されたままであるという状況も考慮し、石垣だけではなく、一帯全域の歴史的保全を含めた修理計画としている。具体的には、工事着工前の「崩落する恐れがある石垣の解体」「解体にともなう破却箇所の確認・掘削の調査」から、工事としての「石垣の積み直し」「破却状況の保全・復元」という作業工程で順次進めていった。

ところが、破却された箇所での積み直しのために石垣（破却されていない石垣）の安定状況を確かめていくと、現状とは大きく異なり、破却の行為がかなり下方にまで及んでいることが判明した。このように破却された箇所を石垣だけでなく、崩落箇所まで含めて確認したのは初めてのことではあったが、われわれの予想以上に名護屋城の破却が大規模かつ徹底的に行われていたことがうかがえるデータとなった。

実際の作業としては、破却によって前面に堆積した石材・裏込め石・土砂などの一部を除去し、内部に埋没している安定した石垣を探り出す作業に入ったが、当初の想定から二・五メートルも下がった地点でようやく破却されていない状況を確認している。その次に、石垣の解体時にともなう測量および調査を基本資料として、「築城当初の石の位置がどこだったのか」「欠落した箇所の積み方をどうするか」などの検討を行った後、ようやく積み直しの作業に着手している。つまり、「現状の壊された石垣はどのようにして、どの方向に落ちていった結果なのか」「欠落してしまった石垣をどのようにイメージするか」「積み直す石垣の強さ・安定の度合いは大丈夫か」の点に留意すべきこととした。そして、この積み直し作業が終了した後、破却された元の崩落状況をそのままに示すため、土砂でその姿を復元している。

このように、名護屋城の破却行為をそのままに保全するという修復は、その他に遊撃丸・搦手口・本丸大手・三ノ丸櫓台・馬場櫓台などでも基本方針としており、石垣の安定さえ図ることができるならば、新たに石材を大きく積み足すなどの不要な作業は慎んでいる。

上山里丸

前述のように、秀吉の居住空間である上山里丸の最奥（西端）区域は、茶室空間であったということが明らかとなっているが、その西面部の石垣を対象として修復作業を実施した。ところが、石垣の解体を進めていくと、その石垣の背後の様子が他の箇所とはまったく異なり、ほとんど裏込め石を使っていない状況を確認している。通常の石垣構築は、石垣面を勾配に揃えるとともに、その長い石尻（控え）の裏や石材同士の隙間などに十分な量の裏込め石を詰め、石垣全体に掛かる重量や衝撃に対する安定化を図り、一般的に石面の二〜三倍（一〜一・五メートルほど）を確保することが求められている。しかし、ここではまったく違っており、当時の作業状況をみると、西面区域の自然地形を石垣の勾配にあわせて掘削し、その安定した斜面地盤にほぼ直接に石垣を当てて構築していたのである。

この現状から、積み直しに際しても、当時の異例のままに構築していくことが可能であるか、現場で検討を重ねざるを得なかった。つまり、最も留意した課題は強い石垣として修復できるのか、否かの確認であり、その点においてはむずかしい修復工事であったといえる。

図75　修復作業中の石垣

馬場櫓台

名護屋城の各曲輪は、独立した小山を縄張りにあわせて掘削し、その斜面に石垣を構築していった例がほとんどであるが、平坦地から新たに石垣を積み上げ、櫓台などを配置している箇所もいくらか確認できる。その際に、まったく新たな地盤を造らなければならないのであるから、石垣の積み上げにともなって内部も同時に高めていくことが必要となる。

　実際の作業状況を確認してみると、三ノ丸南西部に門を配する目的で構築された櫓台やその先の馬場の区域の途中に置かれた櫓台もその一例であるが、いずれも修復を要する石垣を解体していくと、その裏側には通常よりもかなり厚く裏込め石が置かれていることが判明している。あるいは、これらの状況からみると、櫓台の内部はほぼ裏込め石で充填して造り上げていることも、当然ながら推測される。

三ノ丸櫓台

この三ノ丸南西隅櫓台の石垣修理では、西面に配置された鏡石もその対象とした。状況としては、城内で用いられた鏡石としては最大級の大きさであるとともに、それらを三個も並べて正面としているが、このような規模で「鏡石積み」の技法を駆使している箇所は他になく、ここに鏡石を集中させたなんらかの意図をもうかがわせている石垣である。つまり、これは明らかに馬場、そして二ノ丸側からの進入に対して、強い意識をもって「鏡石」としたことが推定されるのであるが、となると、なぜに大手道ではない裏手からの城道の方を重視したような構築としたのかという重大な検討すべき課題をひとつは提示しており、名護屋城の石垣のなかでも重要な箇所のひとつである。

　さて、それらの鏡石のうち、右（南）側の最大の大石を除く中央と左（北）側の二個がやや傾いていたことから、それぞれを解体していったところ、前者は重さ一一トンで高さ二・九メートル、幅一・七メートルに対して厚さは〇・七メートルしかなく、後者も重さ

図76　三ノ丸櫓台の鏡石積み

八トンで高さ一・七メートル、幅二・三メートルに厚さ〇・五メートルと、やはりかなり薄い石材を立てて据えていたことが確認できている。強く堅固な石垣を重視するなかでは、表・裏側ともにきわめて特殊な技法であることがわかる。このため、解体するにあたっては、当時の技術を追認しながら作業を進めていったが、その際、とくに裏込め部分ではかなり大きめの石材を多用している状況がみられた。これは、石垣の修復を担う現代の石工衆も同様の技術として実践している作業であり、積み直しに際しての良好な基本資料を得ることができたのである。

なお、これらの鏡石の裏側下部近くに二個の宝篋印塔の塔身か五輪塔の地輪らしき方形の石を発見している。これらは、大石の根元近くに並べて置かれたような状態であったことから、単なる裏込め石として雑然と転用され、使われたのではないようである。同様の事例として、金沢城跡では石垣の背後から「鍬始」「鋤始」と刻まれた方形の石が発見されている。あるいは、本例も石垣構築を開始する際の儀式的な行為ではなかったかと考えられる。

遊撃丸

この曲輪の北面石垣において、石材の一部が抜け落ちており、崩壊の危険性が高いことから修理が計画された。その作業の一環として、積み直しにともなって一部に新規石材の補充も検討されたのであるが、先述のように名護屋城跡の石垣構築としては異例の技術を

図77　当時の技術による復元の試み（石割り）

採っている区域である点を重視し、当時と同様の技術で石割りや石積みをしていくこととした。

具体的には、新規の石材を割石とするために「矢」や「ノミ」などの道具を当時のままに造ることや、その乱れ積みという積み方の認識・習得に現代の石工衆はかなり努めたようである。ただし、乱れ積みはどうかすると後世の落し積みへと陥りがちであり、天端石の用材の選定・配置も十分な修練を必要とするなどの点から、目の前の石垣と同等の伝統的技術を駆使するまでには、まだまだ多くの検討課題を残している段階の作業といえる。この点に関しては、現場に携わる文化財担当者（発注者）・設計者（コンサルタント）・工事請負者・石工衆がたがいにさらなる研鑽を積んでいくほかないであろう。現在、全国各地で城郭の整備が進められているが、そのなかでもこの石垣修復をどのように実施していくかという問題については、構築技術の復活・継承を含め、かなり深刻な事態ともなっている。

山里丸

先述のように、名護屋城跡の保存整備については、「その歴史性を重視して、遺跡のままで後世に伝える」「豊臣秀吉の築城とその破却という歴史の二面性を保存する」との基本方針で実施している。

しかし、現実に石垣の修復が進められるなかで、現状にみられる破壊されて崩れ落ちた石垣のままでは、豊臣秀吉の城としてのイメージがあまりにも見学者には感じられないのではないかという意見が提示された。その協議を重ねた結果、重要な軍事拠点であった天守閣や本丸などの山上部全域は基本方針どおりの保存整備を堅持するが、山麓部に位置し、城の中核部とはやや隔絶した秀吉の山里丸（虎口空間）の一画にかぎって、石垣の復元だけを試みようという計画が策定され、その工事が実施されたのである。

ところが、その実施に当たっては、これまで進めてきたような崩壊の危険性がある範囲だけを修復する作業とは異なることから、先に示した名護屋城における石垣構築の基本技術をいかにマスターし、築城当初の復元（再現）をいかに進めていくかという大きな課題がもち上がってきたのである。石垣修復工事に習熟していない初期段階の実践の現場では、発注者と設計者・工事請負業者・石工衆の間で「算木積みの採り方」「ヤセ角の造り方」「築石の据わり」「鏡積みの積み方」などに関する技術論議・協議が毎日のように行われていたようで、かなり苦労していたようである。その現場の施工状況を鑑みてみると、築城当時の技術を完璧に復活したとまではいえないものの、「石垣を元の状態に復す」という大原則へ取り組んだ跡はかなりうかがえるのではないだろうか。復元の計画自体の是非もあるが、その点においては評価されてよいであろう。

なお、このような石垣修復工事に関する課題は名護屋城跡だけの状況ではなく、全国的にも同様の「技術の在り方」「組織体制」などの多くの問題を抱えつつもさまざまな形で進められてきており、各地でさまざまな議論がつづけられていることであろう。しかし、現実には、計画から実践までの組織体制を確立するまでにはいたらないままに、現場の工事がつづけられているように思われるが、どうなのであろうか。

3　名護屋城跡の保存整備

一九七六年度に本事業を開始し、最初に豊臣秀保陣跡・堀秀治陣跡などの諸大名陣跡を対象に発掘調査・保存整備を実施、次の段階として名護屋城跡の石垣修理を、さらには名護屋城跡の発掘調査を進めてきた。これら一連の整備計画の第三段階として検討してきたのが、二〇〇三年度に策定された「特別史跡名護屋城跡並びに陣跡　第三期保存整備計画」（二〇〇三～二〇一二年度）である。

この計画は、名護屋城内の危険な石垣の修理が進んだことで見学の安全性が確保されつつある点と、一九九四年度から本格的に着手した名護屋城跡の（基礎）発掘調査において、「城の大改造」「本丸御殿群」「秀吉の茶室」「秀吉の散策路」「堀の出島」などのきわめて重要な発見が相次いだことから、それらの遺構の保存および景観の保全を計画するなかで、公開が可能なものについては整備を進めていくという主旨にもとづき、名護屋城跡の公開・活用を図る内容としている。

二〇〇七年までの段階では、名護屋城内の「天守台跡」・本丸西側拡張区域の「多聞櫓跡・隅櫓跡」・二ノ丸の「掘立柱建物群跡」・三ノ丸の「南東隅櫓台跡とその新旧石段跡」「井戸跡」の各箇所において、保存・整備の工事を実施してきている。

天守台跡

発掘調査前の状況としては、穴蔵を構成していた石垣は完全に破壊され、天守閣の礎石も数個しか確認できなかった。そこで、穴蔵内部の遺構の有無を再確認するために発掘を実施し、先述のような数々の調査成果を得ている。

さて、その保存整備の方針であるが、破却された周辺の石垣はそのままに保存することとし、当時の穴蔵内部の状況について整備・公開することをおもな計画としている。その対象となる内部空間の検討では、「発見された石垣の高さを基準とし、必要最小限の高さに留めること」「残存していた礎石は設計上可能ならば露出させること」「その欠けている箇所には擬似の石材を新たに据え、建物の全体配置を表示すること」「玉石敷きなどは保護すること」「内部への二カ所の出入口はそのまま表示すること」などを基本とし、それらによって天守閣の平面規模や建物の配置状況を示していくこととしたのである。

本丸多聞櫓・隅櫓

本丸西側の発掘調査において、大規模に拡張された範囲とそこに配置された建物群の実態を明らかにできたことから、名護屋城の大改造の歴史を示す重要な区域として、整備の対象とした。

遺構の主体は総延長五五〜五六メートルにも及ぶ建物（多聞櫓）とその南隅部に配置された建物（隅櫓）のそれぞれを示す改造当時の礎石群である。ところが、いずれの建物にも、その後にたどった歴史を物語る遺構が確認されており、それらの保全および整備もあわせて検討することとしたのである。ひとつは多聞櫓を破却した行為を示す瓦群が建物東側に集中して堆積していることであり、もうひとつは隅櫓を破却した後に土で厚く封じ込めた特異な行為である。

しかし、設計を進めていくなかで、残存する礎石群と破却行為を同時に表示することにいくつかの課題が現場で生じている。特に延々と並ぶ礎石には予想以上に高低差があり、それらの一様に据わっていない礎石を露出するための施工上の問題と、そのすぐ脇の瓦群は保存しつつもなんらかの表示を行うという工法上の問題が大きかった。

図78　整備された本丸多聞櫓

二ノ丸掘立柱建物群

二ノ丸の南西区域において、整然と配置された掘立柱建物を計三棟確認している。名護屋城内で礎石を用いていない建物は、この他に山里丸の草庵茶室跡しか発見されておらず、曲輪の様相としては異例の状況であることから、名護屋城の実態を示す重要な遺構の事例として、整備対象とした。

さて、これまでに計画してきたように、第一に遺構の保存が前提となるが、礎石などの「本物そのもの」を公開できる可能性がある場合は、その検討を行うこととしている。しかし、今回の二ノ丸の遺構群は掘立柱と土壙群で構成されており、保存が最優先となることから、それらを埋め戻した後、その上面にあらためて遺構配置の状況を表示している。なお、その性格が不明である土壙については、発掘で確認した形状をそのままに表示し、今後の研究・検討へのひとつの資料ともなるように考慮している。

三ノ丸の新旧石段跡

名護屋城跡の発掘調査において、その大改造の実態を明確に確認できた区域は、本丸多聞櫓跡一帯とこの三ノ丸南西部の櫓跡一帯である。前者の多聞櫓は新たに拡張した空間、つまり一時期の遺構が主たる対象であることから、それほどの問題は生じなかったが、この三ノ丸の例では新旧の石段遺構が隣り合わせで併存していることから、別の検討を要することとなった。つまり、新規の石段は現況でもみられるままであり、それなりの整備手法で良しとしても、旧石段の方は改造にともなってほぼ埋め戻された状態であったことから、それらを公開するのかどうか、つまり、公開することで同時期に並んでいたとの誤解を招かないか、また、実施に当たっては周辺一帯に別の遺構が存在していないのかどうかの確認も行う必要があった。その結果、整備対象の範囲には遺構がなく、その保存上の影響はほとんどないということと、公開は名護屋城の歴史認識に効果的であるということで、計画通りに掘削し、施工した。また、誤解の解消策として、十分な説明（板）をその補助とした。

図79　二ノ丸掘立柱建物群の表示

整備の今後

保存整備事業の第三段階としては、以上のような概要で名護屋城跡を中心に整備を進めている。今後も、「本丸御殿群」「山里丸の草庵茶室空間跡」「鯱鉾池の出島・船着場跡」や水手道・船手道などの「城道」を対象とし、計画を順次に進めていくこととしている。しかし、これほどの壮大な城跡であるだけに計画の課題は山積みの状況である。それに加えて、一三〇カ所にも及ぶ諸大名の陣跡群に関しても、整備はおろか、その遺跡の実態の解明さえほとんどできていないことも大きな懸案である。

最後になるが、石垣修理の項でも示したように、この「名護屋城跡並びに陣跡」を中核とする遺跡群において、その保存整備に関する基本理念は「豊臣秀吉が築いた名護屋城と諸大名の陣屋群」から「破却された名護屋城」へと変遷していく歴史および歴史的景観をそのままに後世へ永く伝えていくことであり、その原則を踏まえた活動をこれからも継続していくことを決して忘れてはならないであろう。飾った造りものではなく、「本物」の歴史を公開していく義務がある。

Ⅶ　豊臣秀吉、渡海への道のり

最後に、本書で解説してきた名護屋城の舞台となった文禄・慶長の役において、同時期に同様の軍事目的で築造されたいわゆる「倭城」について触れておきたい。倭城を知ることにより、別の視点から名護屋城についてもみえてくるものがあると考えるからである。

豊臣秀吉は、この名護屋へ一五九二（文禄元）年四月二十五日に到着する。このとき、すでに諸大名は渡海を命じられて朝鮮半島へ上陸しており、朝鮮国の都である漢城（現、ソウル）をめざして各地を転戦し、北上していた。そして、五月三日には早くも漢城を陥落させているのである。秀吉は、そのような前後の状況のなかで自らの渡海計画をかなり性急に立てており、この名護屋から壱岐・対馬を経て漢城にいたるまでの渡海ルートにおける中継拠点、「御座所」「御泊所」の具体的な場所や内容などを指示し、普請・作事を渡海している諸大名に命じている。

その具体策をみると、諸大名を渡海させる以前の一五九一（天正十九）年にはすでに発せられており、平戸の松浦鎮信に宛てた九月三日付けの朱印状には「就今度大明国・高麗御動座、於壱岐国、御座所作事普請之事」として、まず、壱岐島の勝本への造営を命じている。さらに、その先の対馬島においても、当時の命令書は確認できないものの、南の下対馬の厳原に築かれている清水山城こそは豊臣秀吉の御座所であるとして、後の文書のなかに示されている。ところが、この南北に長い対馬島では、その北の上対馬にもう一カ所の御座所を置くように命じていたことが確認できる。それは、(文禄元年) 五月十四日付の朱印状で毛利民部太輔 (毛利高政) と宮木長次郎に宛てたもので、「豊崎御座所普請儀被仰付……苻中と豊崎間ニ御泊所見計御座所可申付候」とあり、現状ではその所在場所さえまったく不明の「豊崎御座所・御泊所」を示しているのである。なお、上対馬の最北端には「撃方山城」の存在も知られているが、どうも「豊崎御座所・御泊所」とこの城は違うようである。

そして、この文禄・慶長の役 (壬辰・丁酉倭乱) において、実際の戦いの場となった朝鮮半島にも当時を物語る遺跡・遺物、そして記録類などが国内外の各地に残されており、代表的なものとして大きくふたつの事例が考えられる。

そのひとつは、豊臣秀吉が対馬から朝鮮半島の釜山に上陸した後、漢城にいたるまでの「御座所」「御泊所」の実態である。残念ながら、このことに関しての状況は文書にしか確認することができず、遺跡・遺構などの詳細についてはまったく不明であり、本当に普請が実行されたのかさえも疑問である。しかし、それらの史料からうかがう限りにおいては、実際に構築された可能性も低くはないようである。参考までにみると、その史料の一点は天正二十年五月十二日付で羽柴安芸宰相 (毛利輝元) や羽柴丹後少将 (細川忠興) などに宛てた秀吉朱印状 (写) 「高麗御座所御普請衆」

であり、それには漢城までの計一三カ所の普請大名衆を示している。もう一点は、日付はないものの、毛利家文書「自釜山浦至京洛　太閤殿下　御動座路地・御座所御普請」であり、釜山～漢城の計二三カ所の「御座所」「御泊所」について具体的な場所とその担当すべき大名を示している。

図80　漢城への経路と御座所・御泊所の位置

そして、もうひとつが、当時の朝鮮半島における戦いの実態である。遺跡としては、渡海した日本側の諸大名が拠点として築いた倭城が知られており、これらの城跡を対象として、日韓の研究者による現地調査などがさかんに進められている。しかし、当然のことながら、この他にも検討すべき課題は多々ある。たとえば、ひとつは「李朝実録」などに残されている記載の確認やその遺跡との比較検討、ひとつは当時の「朝鮮国側の城」の状況の把握、そして、最近徐々に進められている韓国での発掘調査成果の検討などであろう。現状としては、いずれの課題も大きな進展はみられないものの、一大軍事拠点であった「名護屋城」・渡海の中継拠点であった「壱岐」「対馬」と同様、戦いの全容を解明していくには必要不可欠な課題であることを留意しておかねばならない。

それでは、倭城跡に関して紹介していこう。消

図81　文禄・慶長の役に築いた倭城の配置

滅したものも含めて現在までに三〇カ所ほどが確認されており、全羅南道にある順天城跡の一カ所を除いては、すべて慶尚南道の東側と南側の沿岸部に集中している。その史料・調査報告としては「慶南の城跡」「慶南の倭城跡」「朝鮮城郭一覧」「倭城Ⅰ」「文禄・慶長の役城跡図集」、それに「倭城跡を訪ねて」（拙論）などがある。これまでにも種々さまざまな数多くの調査・研究がなされてきており、戦いの実態を記す史料だけではなく、遺跡である城跡からも詳細に検討していく事例が多くなってきている。筆者の所属する佐賀県立名護屋城博物館では、大韓民国の諸研究機関（国立晋州博物館・釜山広域市立博物館など）の協力を得て、まず、現況の遺跡の把握に努めることを目的として、一九九四年度からこの倭城跡の合同調査（踏査）に着手し、継続した活動を現在も行っている。その倭城跡の概略について、いくつかの状況を以下に示す。

釜山母城（釜山広域市東区）　毛利輝元の築城。渡海した諸将は、まず、釜山に上陸している。文禄・慶長の役を通じて、最も重要な拠点。現在も石垣が点在しているが、高石垣は少ない。隅角部は左右の引きが強い算木積みとし、シノギ角もみられる。その本丸石垣に改造の跡もある。石材に矢穴痕あり。

釜山子城（釜山広域市東区）　毛利輝元の築城。母城から約一キロ東方にある。周囲を巡る高石垣はきわめて良好に残存している。隅角部には縦石積みもみられるが、左右の引きが強い算木積みとしている。築石部は、野面石の布積みで安定している。勾配に、ゆるやかな反りもみられる。虎口の一カ所を改造し、封鎖している。

機張城（釜山広域市機張郡）　黒田長政の築城。半島の東側沿岸部には、南からこの機張城・林浪里城・西生浦城、そして蔚山城が配置されている。本城は、釜山より約二〇キロ北東に位置し、東側沿岸のひとつの重要拠点。石垣・空堀・土塁などが良好に残存する。石垣には縦石積みを多様する。勾配は、わずかに反りがみられるものの矩方を基本とする。矢穴痕あり。石垣の改造の跡が顕著。また、北側の石垣の一部に豆毛浦鎮城（高麗時代）の石垣が残る。

竹島城（釜山広域市江西区）　金海倭城とも呼ぶ。鍋島直茂の築城。洛東江河口の右岸微高地に配置されており、当時は島状の地形か。石垣（とくに虎口部）・竪堀が残存している。石垣には改造の跡がみられる。隅角部は、控えが長い角石を用い、左右の引きが強い算木積みとする。虎口・通路部分には鏡石積みも使う。

西生浦城（蔚山広域市蔚州区）　せっかいの城とも呼ぶ。加藤清正の築城。東側沿岸部の回夜江河口近くに配置された一大拠点で、大規模な石垣構築の倭城である。その中核部には数度の大改造の跡がみられるとともに、斜面部には下る石垣（いわゆる登り石垣）も確認できる。清正によるためか、隅角部には通常の算木積み・縦石積みのほかに、控えが短く引きがない技術を採用する。また、その母城とは異なり、石垣を積み足した箇所や海岸側の子城などには明瞭な反りがみられる。

蔚山城
（蔚山広域市中区）
浅野幸長らの築城。慶長の役に際し、最も北側に配置された倭城であり、蔚山湾へ流れ込む太和江の河口近くの丘陵部に築城されている。石垣の隅角部などに意図的な破却がみられるが、周辺部の石垣は良好に残る。隅角部は算木積みとするが、左右の引きはそれほど強くない。縦石積みもあり。勾配は矩方。築石には横長の石材を多用しており、野面石の布積みとする。加藤清正らが籠城した、激戦地のひとつ。

安骨浦城
（鎮海市安骨洞）
脇坂安治・九鬼嘉隆らの築城。南側沿岸部の突出した半島状の尾根筋に配置される。海域を一望できる要衝の地。三カ所に分かれて、石垣構築がみられる。倭城のなかでは良好に残存する城跡のひとつ。隅角部には横長の控えが石材を用い、左右の引きが強い算木積みとする。勾配は、矩方のみとやや反りを付けるものがみられる。また、縦石積み・ヤセ角・鏡石積み・輪取りなど、かなり多様な技術を駆使している。

熊川城
（鎮海市熊川洞）
小西行長らの築城。安骨浦倭城の西側に配置される。やはり、海域へ突出した微高地に築城している。当時の重要拠点であり、倭城のなかでも最大規模をもつ。山頂部の天守台を中心に大規模な石垣を巡らせるほか、登り石垣と空堀も配置する。隅角部には、引きの強い算木積み・弱い算木積み・縦石積みを用いる。勾配はややゆるやかに反る。南東面の築石は、かなり強い輪取りがなされる。築石の一部に積み足しの跡がある。

泗川城（泗川市龍見面） 船津里倭城ともよぶ。毛利吉成らの築城。半島と南海島との間が最も狭いところを露梁海峡と称している。この海域がひとつの重要拠点とみられ、南に南海城を、そして北に本城を配置している。海側へ突き出た岬に築かれており、東側を除く三方が海に面し、自然の要害でもある。朝鮮国の重要拠点であった晋州城から、南へわずか一七キ《キ》ロ《ロ》しか離れていない。城域も宏大であり、東側の陸地を二重の大濠で分断するほか、外郭を高土塁と空堀で、中核部を石垣・竪堀などで築き、きわめて厳重に防御している。隅角部・築石部ともに人為的に破却されており、上部はほぼ残存していない。隅角部は、控えが短く左右の引きが弱い算木積みである。築石部には、かなり大きめの石材を用いる。鏡石積みもあり。

順天城（全羅南道順天市） 宇喜多秀家の築城。倭城のなかで、最も西側に配置された城である。露梁海峡を西へ抜けた袋小路状の光陽湾の西奥側に位置し、小さく突き出た丘陵に築かれている。城域はやはり宏大であり、外郭を空堀・土塁・石塁で防御するほか、中核部および虎口空間を石垣とする。ただし、天守台の隅角部は、人為的に破却されている。他の倭城と異なり、隅角部には、矢を用いた粗割石を多用する。また、控えが長く左右の引きが強い算木積みと控えが短いものがみられる。勾配は、まったくの矩方である。各虎口部には、かなり大きめの石材を用い、鏡石積みとする。

佐賀県立名護屋城博物館

開館時間　午前9時〜午後5時（入館は午後4時30分まで）
休 館 日　月曜日（休日の場合は翌日）、年末年始
観 覧 料　無料　※特別企画展開催中は別途料金
交　　通　（バス）唐津駅もしくは唐津大手口発「名護屋城博物館方面行」で「名護屋城博物館入口」停留所下車、徒歩5分
（車）　長崎自動車道多久インターから60分
所 在 地　〒847－0401　佐賀県唐津市鎮西町名護屋1931－3
TEL（0955）82-4905・FAX（0955）82-5664
URL　http://www.pref.saga.lg.jp/at-contents/kanko_bunka/k_shisetsu/nagoya/nagoyaindex.htm
E-mail　nagoyajouhakubutsukan@pref.saga.lg.jp

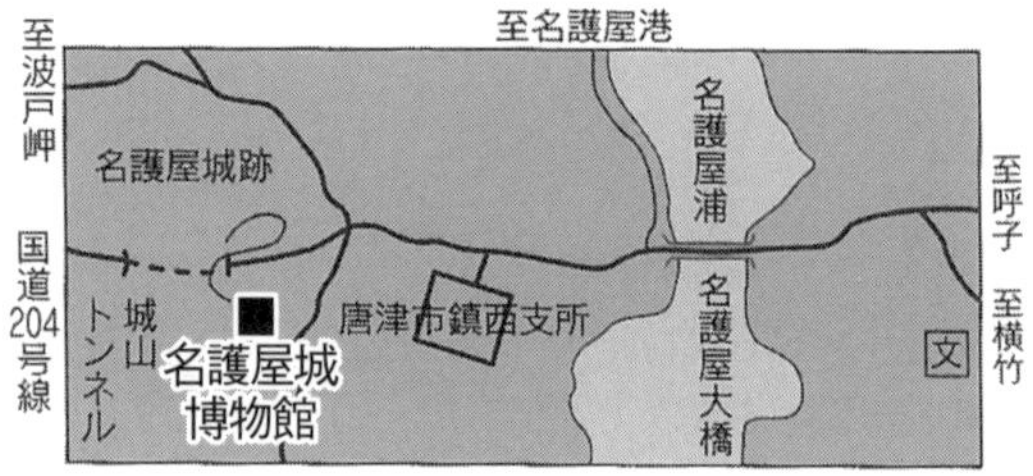

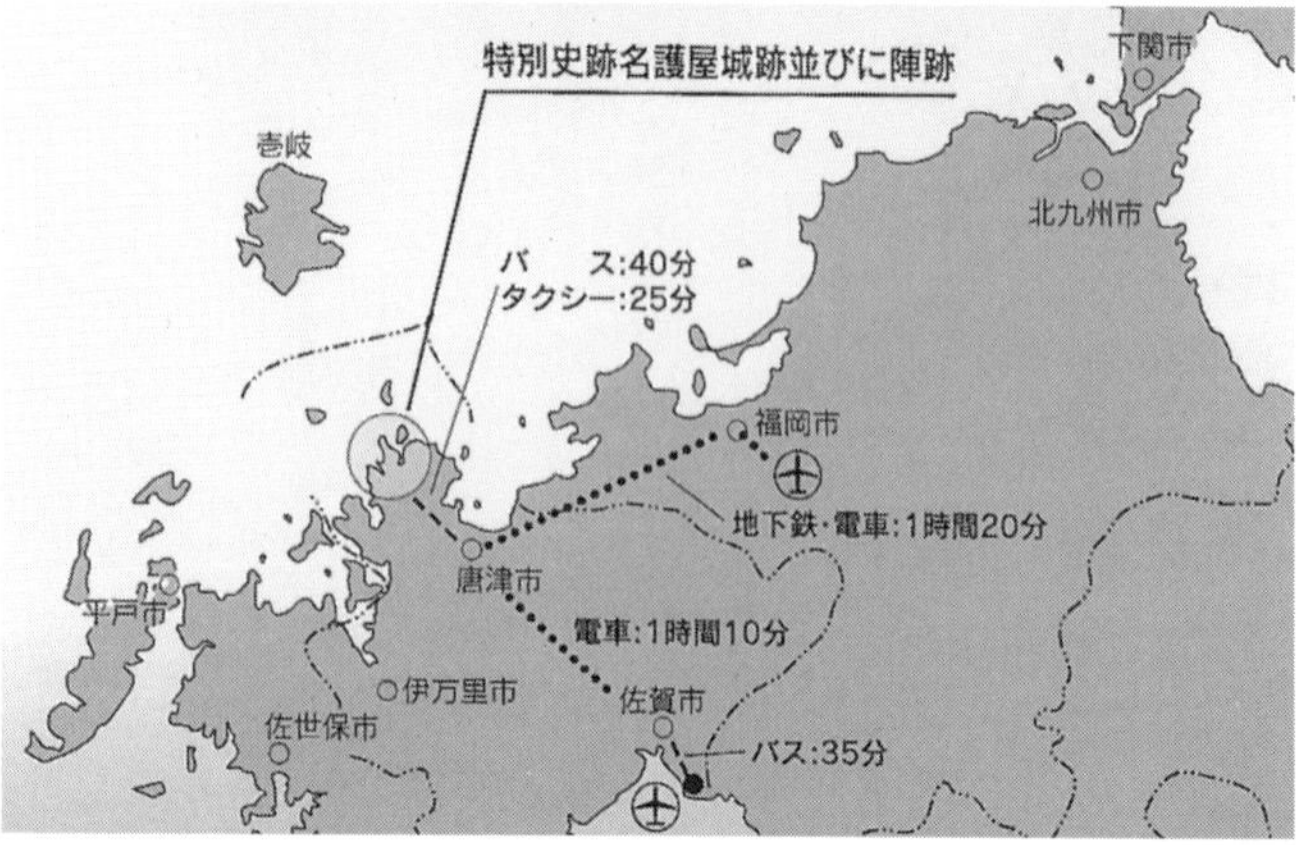

参考文献

イエズス会『十六・十七世紀　イエズス会日本報告集』一九八七〜一九八八　同朋舎出版
岩沢愿彦　一九六二「秀吉の唐入りに関する文書」『日本歴史』吉川弘文館
國華社　一九六八『國華　特輯　肥前名護屋城図屛風』
京都市妙満寺所蔵『妙満寺文書』
佐賀県教育委員会　一九七九『大和中納言秀保陣跡』
佐賀県教育委員会　一九八三『特別史跡　名護屋城跡並びに陣跡2』
佐賀県教育委員会　一九八五『文禄・慶長の役城跡図集』
佐賀県教育委員会　一九九〇『加藤嘉明陣跡発掘調査概報』
佐賀県教育委員会　一九九二『古田織部陣跡発掘調査概報2』
佐賀県教育委員会　一九九二『名護屋城跡山里口石垣修理報告書』
佐賀県教育委員会　一九九三『徳川家康別陣跡発掘調査概報』
佐賀県教育委員会　一九九三『堀秀治陣跡』
佐賀県立名護屋城博物館所蔵『おね（北政所）宛　豊臣秀吉自筆書状』
佐賀県立名護屋城博物館所蔵『黒田家譜』（写）
佐賀県立名護屋城博物館　一九九四『木下延俊陣跡・徳川家康別陣跡Ⅱ』
佐賀県立名護屋城博物館　一九九八『特別史跡　名護屋城跡』
佐賀県立名護屋城博物館　二〇〇五　特別企画展図録『秀吉と城』
佐賀県立名護屋城博物館　二〇〇七　特別企画展図録『秀吉と文禄・慶長の役』
佐賀県立名護屋城博物館　二〇〇八『前田利家陣跡』

鎮西町教育委員会　一九八六『徳川家康陣跡』
鎮西町教育委員会　一九九四『名護屋城跡周辺遺跡』
鎮西町教育委員会　一九九六『氏家行広陣跡』
鎮西町教育委員会　一九九八『特別史跡　松浦鎮信陣跡・細川忠興陣跡』
鎮西町教育委員会　一九九九『平野町遺跡』
鎮西町教育委員会　二〇〇一『長宗我部元親陣跡』
鎮西町教育委員会　二〇〇二『北条氏盛陣跡』
鎮西町教育委員会　二〇〇三『前田利家陣跡』
東京大学史料編纂所『小早川家文書』『毛利家文書』『相良家文書』　大日本古文書
中野　等　二〇〇六『秀吉の軍令と大陸侵攻』吉川弘文館
横浜市三溪園所蔵『伊予一柳文書』
倭城址研究会　一九七九『倭城Ⅰ』

おわりに

早いもので、この名護屋城跡と向き合って、すでに二十数年も経ってしまった。思えば、佐賀県に就職し、最初に「堀秀治陣跡」の遺跡現場に立った時は、この広大な陣跡の発掘調査をたったの三カ年で終了させようというのは、とても無謀な計画だと素直に感じたこともある。その結果は、発掘に七カ年と整備に九カ年も要し、多大な苦労と経験の末に初めて一つの陣跡の全容を公開できたのである。

その後、名護屋城博物館が建設され、遺跡群の中核となる名護屋城跡を本格的に解明していくための計画が立案された際、再び呼び戻されて発掘調査や石垣修理の現場に浸り込むこととなったのであるが、今度はさらにとてつもなく巨大な城が相手であり、どれほどの年月がかかるのかわからないという心配が再び頭をよぎったものの、逆に「あの天下人である豊臣秀吉の城を本当に自分の手で掘れるのだ」という感慨にふけったことを思い出す。そのチャンスに感謝しつつ、発掘を進めていったが、「本丸を中心とした大改造」「本丸御殿」「草庵茶室」「二ノ丸の掘立柱建物跡」などのように城跡の各地点で確認し得た新たな発見は「一歩、太閤さんに近づいても、逆に、二歩も三歩も太閤さんに離されてしまう」という状態で、結局は掘れば掘るほどに「新たな謎だらけ」の連続だった。否、発掘調査は継続されているが、十数年経った現在もその状況は何ら変わってはいないように感じる。そして、その太閤さんの巨大な城の謎と長く向き合うなかで次第に考え直させられてきたことは、この名護屋城はこれまでいわれてきたような「桃山時代の代表的・典型的な城」などではなく、「太閤さんの個性が極めて色濃く表された、独特の城」であり、「いわゆる近世城郭の常識で取り組んでも解釈できない遺跡」なのだという思いであった。やはり、「天下人の城」なのであり、そのような人物の思慮のたけなど、とても私ごときに手に負えるようなものではないと悟りつつ、毎日登城していた次第である。

もう一つ、私自身としてこの名護屋城跡から大いに受けた教えは、おそらく一生涯の研究テーマとしていくであろう「石垣の伝統的技術のあり方」に関することである。わずか七年ほどの歴史で終えた名護屋城ではあるが、その石垣にはありとあらゆる技術が駆使されており、それぞれの技術に石工衆の思いを感じながらの研究や実際の現場は、仕事を離れての楽しみでもあった。そして、いずれはこれらの石垣に劣らないほどの修理・修復・復元をしてみたいものだとの思いで国内外の城跡を歩き回って学ぶほど、その思い入れやこだわりは今も強いのであるが、なかなかどうであろう。案の定、その折々で納得に至るものでもなかったし、これからも未熟さを反省する日々が一生涯続くのであろう。

ということで、名護屋城跡との関わりを終えることとしたい。最後になるが、まったくの筆不精の私に、四年もの間をあきらめずに叱咤激励していただいた編集の皆様がた、特に工藤氏と加治氏と、そして名護屋城博物館の学芸課の諸君には本当に感謝申し上げたい。その皆さんのご助力なくしては、この「特別史跡　名護屋城跡並びに陣跡」をまとめることなど、とてもできなかったであろう。この一冊は「文禄・慶長の役」をその遺跡群から初めて紹介するものであり、読者の方々がそれらの実態を探るなかから、「戦い」を再考できる資料となれば幸いである。

菊池徹夫
坂井秀弥　企画・監修「日本の遺跡」

26　名護屋城跡《なごやじょうあと》

■著者略歴■

高瀬哲郎（たかせ・てつろう）

1951 年、大分県生まれ
熊本大学大学院修了
2008 年 3 月まで、佐賀県立名護屋城博物館学芸課長
主要論文等
「九州に於ける近世城郭の石垣について（その一）」熊本大学文学部考古学研究室創設 20 周年記念論文集、1994
「倭城跡を訪ねて」佐賀県立名護屋城博物館研究紀要第 5 集、1999
「肥前名護屋城―天下人秀吉の夢の跡」『城破りの考古学』吉川弘文館、2001
「歴史遺産にみる佐嘉藩の土木技術について―佐嘉城築城を原点として―」財団法人鍋島報效会研究助成研究報告書第 1 号、2004

2008年 4 月20日発行

著　者　高瀬　哲郎
発行者　山脇　洋亮
印刷者　亜細亜印刷㈱

発行所　東京都千代田区飯田橋 4-4-8　東京中央ビル内　（株）同成社
TEL　03-3239-1467　振替　00140-0-20618

ISBN978-4-88621-433-1 C3321

シリーズ　日本の遺跡

菊池徹夫・坂井秀弥　企画・監修　　四六判・定価各1890円

【既刊】

①西都原古墳群　南九州屈指の大古墳群　北郷泰道

②吉野ヶ里遺跡　復元された弥生大集落　七田忠昭

③虎塚古墳　関東の彩色壁画古墳　鴨志田篤二

④六郷山と田染荘遺跡　九州国東の寺院と荘園遺跡　櫻井成昭

⑤瀬戸窯跡群　歴史を刻む日本の代表的窯跡群　藤澤良祐

⑥宇治遺跡群　藤原氏が残した平安王朝遺跡　杉本　宏

⑦今城塚と三島古墳群　摂津・淀川北岸の真の継体陵　森田克行

⑧加茂遺跡　大型建物をもつ畿内の弥生大集落　岡野慶隆

⑨伊勢斎宮跡　今に蘇る斎王の宮殿　泉　雄二

⑩白河郡衙遺跡群　古代東国行政の一大中心地　鈴木　功

⑪山陽道駅家跡　西日本を支えた古代の道と駅　岸本道昭

⑫秋田城跡　最北の古代城柵　伊藤武士

⑬常呂遺跡群　先史オホーツク沿岸の大遺跡群　武田　修

⑭両宮山古墳　二重濠をもつ吉備の首長墓　宇垣匡雅

⑮奥山荘城館遺跡　中世越後の荘園と館群　水澤幸一

⑯妻木晩田遺跡　甦る山陰弥生集落の大景観　高田健一

⑰宮畑遺跡　南東北の縄文大集落　斎藤義弘

⑱王塚・千坊山遺跡群　富山平野の弥生墳丘墓と古墳群　大野英子

⑲根城跡　陸奥の戦国大名南部氏の本拠地　佐々木浩一

⑳日根荘遺跡　和泉に残る中世荘園の景観　鈴木陽一

㉑昼飯大塚古墳　美濃最大の前方後円墳　中井正幸

㉒大知波峠廃寺跡　三河・遠江の古代山林寺院　後藤建一

㉓寺野東遺跡　環状盛土をもつ関東の縄文集落　江原・初山

㉔長者ケ原遺跡　縄文時代北陸の玉作集落　木島・寺﨑・山岸

㉕侍塚古墳と那須国造碑　下野の前方後方墳と古代石碑　眞保昌弘

㉖名護屋城跡　文禄・慶長の役の軍事拠点　高瀬哲郎

【続刊】

㉗五稜郭　幕末対外政策の北の拠点　田原良信